美国书业观潮

叶 新 —— 著

AMERICAN BOOK INDUSTRY

中央编译出版社
Central Compilation & Translation Press

前　言

这是笔者关于美国图书出版业研究的一个集子，内容主要分为两部分。一部分是关于美国书业概况的多方面书写，另一部分是关于美国畅销书的专题分析。

就美国书业概况的书写而言，诸如《咖啡印书机：传统书业的变革者》《西蒙—舒斯特2009年继续发力数字化》《学乐公司探索童书出版新模式》《"阿曼达计划"呼之欲出》等，写于2009年在英国斯特灵大学留学期间。在切身考察该校国际出版管理专业硕士培养模式的同时，也得以专心研究美国的书业转型和数字出版，对笔者而言，这是极其难得的一次研修机会。就美国著名编辑的研究而言，一篇是关于罗伯特·戈特利布（笔者是国内研究他最多的，但是殊为可惜的是，与他的编辑生涯自传《嗜读者》的翻译失之交臂）的，他是美国20世纪下半叶最具天才的图书编辑，可以与上半叶的传奇编辑麦克斯·珀金斯比肩；一篇是关于肯尼迪夫人的，作为一位不那么成功的图书编辑，她把生命中最后的十八年奉献给了维京出版社和双日出版社。前者证明图书出版是一份充满激情、催生天才的行业，后者证明出版是一份让人备感优雅、体面的职业。尤其值得一提的是，笔者在2009年还主持翻译了《黄金时代：美国书业风云录》,从中受益良多,直接催生了许多研究选题,包括本书所收的一些篇什。20世纪"二战"以后到80年代初,之所以被称为"美国图书出版业黄金时代",实在是因为那是一个"图书为王,文学当道"的时代。《1959年美国书业一瞥》则反映了1959年如何成了美国书业由盛转衰的分水岭。

就美国畅销书的专题研究而言,对美国畅销书市场的分析得益于美国西蒙—舒斯特公司总编辑迈克尔·科达的《畅销书的故事》。2016年,笔者与《中国图书商报》合作,发表了《1999—2006年美国虚构类畅销书榜统计分析》,随后的一些成果包括《2006年美国畅销书大盘点》《2007年度美国十大畅销小说》《四大出版公司垄断美国畅销小说市场》等。在这些定量分析的基础之上,笔者及其研究团队也做了一些粗浅的定性分析,比如《解析美国当今畅销小说类型》《美国当今畅销小说市场特点解析》《美国读者为何钟情悬疑小说》等。21世纪的头两个十年马上就要过去了,实际上,笔者希望采用迈克尔·科达的研究方法,先统计出每年的美国虚构类和非虚构类畅销书各前十名,然后分析美国人在21世纪的头两个十年的阅读状况,也许能心想事成。

他山之石,可以攻玉。窃以为,我们对美国图书出版业的历史和现状研究特别是其世界出版能力和全球辐射能力的研究还很不够,而这对中国从出版大国转变为出版强国的借鉴尤其重要,笔者也希望在随后做更多的努力。

叶 新

2019年4月于北京大兴鸣秋轩

目 录

图书为王，文学当道
　　——美国图书出版业的黄金时代　/ 001
美国图书的分类和规模　/ 014
罗伯特·戈特利布何以成为天才编辑　/ 024
杰奎琳·肯尼迪的编辑生涯初探　/ 036
布拉齐勒出版社：迈向美国单体出版社的顶峰　/ 050
咖啡印书机：传统书业的变革者？　/ 058
西蒙-舒斯特2009年继续发力数字化　/ 065
学乐公司探索童书出版新模式　/ 074
"阿曼达计划"呼之欲出　/ 080
1959年美国书业一瞥　/ 085
1999—2006年美国虚构类畅销书榜统计分析　/ 092
2006年美国畅销书大盘点　/ 150
2007年度美国十大畅销小说　/ 171
四大出版公司垄断美国畅销小说市场　/ 190

解析美国当今畅销小说类型 / 199

美国当今畅销小说市场特点解析 / 214

美国读者为何钟情悬疑小说 / 222

图书为王,文学当道

——美国图书出版业的黄金时代

黄金时代孰更优?

黄金时代(the Golden Age),是指人一生中最辉煌的阶段,也指国家政治、经济、文化最繁荣的时期。而就有着 200 多年历史的美国图书出版业而言,当然也有它的"黄金时代"及其特征表现。那么,这个美国出版业的黄金时代是在什么时候呢?

第二次世界大战后,美国最伟大的编辑之一罗伯特·戈特利布曾在《罗伯特·戈特利布:编辑的艺术 No.1》(原载于《巴黎评论》1994 年秋季号,作者:麦克法夸尔·拉丽莎)中指出:"我视之为'黄金时代'的那个时期,却被另一些像艾尔弗雷德·克诺夫这样的老前辈视为'平庸时代',这是相对战前出版业而言的,他们认为后者才是真正的黄金时代。"戈特利布所谓的"黄金时代"即 20 世纪的"二战"以后到 80 年代初期的美国图书出版业,也是他在西蒙-舒斯特出版社和克诺夫出版社大显身手,达到事业顶峰的时期。从目前资料来看,这是对"黄金时代"最早的提法。老一辈出版人,特别是他的前任、克诺夫出版社的创始人老克诺夫崛起于"一战"时期,直到20世纪60年代才退休。他认为两次世界大战之间的时期才是所谓的美国出版业"黄金时代"。

这是两代出版人对美国书业黄金时代的不同理解,各有各的道理。纽约大学的约翰·特布尔教授是研究美国图书出版史的权威专家,他在《美国出版业的兴起与转变》(1986年)一书中持与老克诺夫一样的观点。他指出,在这个时期,除了像哈珀、斯克里布纳、普特南、达顿这样的老出版社再次焕发青春之外,新一代出版社的崛起是这个时代的显著特征。其中尤以20世纪20年代为最,比如兰登书屋、西蒙-舒斯特出版社、约翰·戴出版社(赛珍珠和林语堂作品的出版商)等都诞生于这个时期。当然还有两大图书俱乐部——文学会和每月一书俱乐部的诞生。正是斯克里布纳出版社的大师级编辑马克斯维尔·珀金斯培育了斯科特·菲茨杰拉德、厄内斯特·海明威、托马斯·沃尔夫等一代作家,造就了"迷惘的一代",成为那个时代老牌出版社焕发青春的一个缩影。正是作家和编辑的共同努力,成就了美国文学在世界地位的不断上升。

2008年9月,每月一书俱乐部前董事长阿尔·西尔弗曼推出了《黄金时代:美国书业风云录》(*The Time of Their Lives: The Golden Age of Great American Book Publishers, Their Editors and Authors*)。他在每月一书俱乐部工作了16年之久,一路做

到了董事长，随后在维京出版社度过了 9 年的编辑生涯，是索尔·贝娄、威廉·肯尼迪等大牌作家的编辑，在美国书业界拥有丰富的人脉资源。他历时 5 年时间，采访了 120 位编辑、出版人、老板和其他有关当事人，写成此书。而在这些人当中，只有一两位认为两次世界大战之间的时期要比"二战"后的三四十年更加辉煌璀璨。

西尔弗曼认为这个所谓的"黄金时代"应该以那场惨绝人寰的"二战"宣告结束的 1946 年为开端，一直追溯到整个出版业全面呈现出保守僵化态势之前的 20 世纪 70 年代晚期到 80 年代早期。这种僵化态势始于 60 年代，那时一批卓越的老牌出版人正逐渐被那些以赢利至上的商人所取代。正是得益于伟大的图书编辑的帮助，美国作家呈现了他们最好的作品，同时造就了美国文学在世界上的领先地位，也成就了美国大众图书出版业的繁荣。而从时间来看，这个黄金时代的衰落时间距离《美国出版业的兴起与转变》的成书才有五六年时间，因此特布尔教授的观点毫不奇怪。值得一提的是，正是 20 世纪 20 年代诞生的以贝内特·瑟夫为代表的广大出版人，在"二战"以后适逢"天时、地利、人和"，从而成就了戈特利布和西尔弗曼所谓的"黄金时代"。

阿尔·西尔弗曼采访了众多的编辑、出版人、老板和其他有关当事人，听他们讲述那段令人难忘的黄金岁月。很让他吃惊的是，有如此之多的受访者在访谈结束时都会说同样的一句话："那是我一生中最快乐的时光。"当然，这也是西尔弗曼写作《美国书业观潮》的目的所在。

六大因素造就之！

简要说来，这个美国出版业的"黄金时代"的造就有这么几大因素：

一、高素质读者的大量出现

"珍珠港事件"爆发后，美国卷入第二次世界大战。由于美国本土未被入侵，因此美国图书出版业并未遭到破坏。作为"绅士们从事的行业"，它也不会因为战争缺乏人手。在"二战"中，有将近1200万美国人应征入伍，他们服役的期间大多在等待中度过，正好借看书打发时间，因此阅读人口激增。"二战"尚未结束的1944年，美国政府未雨绸缪，颁布了《退伍军人法案》，为1000余万退伍老兵们提供免费的高等教育机会。到1956年该法案结束时，220多万人因此受益，许多人进入了哈佛、耶鲁这样的常春藤名校，受到了良好的高等教育和职业教育训练，因此培育了一代优质的大学生和稳定的中产阶级。这为美国出版业提供了稳固的读者基础。

二、战争文学的繁荣

第一次世界大战为美国的战争文学提供了丰富的土壤，也造就了斯科特·菲茨杰拉德、厄内斯特·海明威这样的大作家。第二次世界大战也不例外。许多退伍老兵拿起笔来，以自身的战争经历为题材,开始了自己的作家生涯,为美国出版业输送了丰富的出版资源。

美国的战争文学到"二战"后发展到巅峰,其中的佼佼者有诺曼·梅勒、欧文·肖、詹姆斯·琼斯、约瑟夫·海勒、托马斯·品钦、小库尔特·冯内古特、约翰·赫塞等。

诺曼·梅勒1943年毕业于哈佛大学空间飞行技术专业后应召入伍,到1946年一直在太平洋地区服役。1948年,梅勒取材于本人的"二战"经历,采用士兵们熟悉的粗犷的"战壕语言",在巴黎写出了成名作《裸者与死者》,既有对战争的现实描写,也有深刻的反思和探索。

欧文·肖也是"二战"期间入伍,先后在非洲、法国、英国和德国服役,从一等兵提升为准尉。《幼狮》是他的处女作兼成名作,被公认为最优秀的"战争小说"之一。它通过一系列事件的描述,揭露了战争对正常人性的解构,出版后受到批评家和读者的广泛关注。在1948年的美国小说类畅销书榜上,这两本书分列第二名和第十名。

詹姆斯·琼斯1939年到1945年在美国陆军当兵,因两次"违纪"而降级,退伍时仍然是列兵身份。这段压抑的生活,为他的"战争三部曲"(《从这里到永恒》《细细的红线》《口哨》)提供了丰富的素材。这三部小说反映了美国年轻士兵从入伍、受训、出国作战到回归本土的全过程,表现出他对战争本质的深刻洞察力。

另外,约瑟夫·海勒的《第22条军规》、托马斯·品钦的《万有引力之虹》、小库尔特·冯内古特的《第五号屠宰场》、约翰·赫塞的《墙》等,也从不同的角度揭示和影射了"二战"给人类带来的深重灾难。当然受人青睐的还有赫尔曼·沃克,他的《战争风云》和《战争与回忆》两部战争史诗多角度、逼真地反映了"二战"的历史状况。他们无一例外成为美国畅销书榜的宠儿。

三、图书审查制度的被突破

早在两次世界大战之间的1934年,兰登书屋的贝内特·瑟夫设法让政府解禁,在美国出版了原本被视为"淫秽"之书的《尤利西斯》,光精装本就卖了6万册,平装本则卖出了几十万本,成了兰登书屋的一棵摇钱树,也为它的战后发展奠定了坚实的基础。第二次世界大战以后,巴尼·罗塞特领导的格罗夫出版社为"寻求因出版好书而带来的刺激和挑战,还有可能营利的机会",在1959年连续向美国政府的图书审查制度发起冲击,迫使其为《查泰莱夫人的情人》、亨利·米勒的《北回归线》解禁,并接连出版了威廉·S. 伯勒斯的《裸体午餐》、弗兰克·哈里斯的《我的生活与情爱》、约翰·瑞奇的《夜之城》、琼·吉尼特的《鲜花圣母》和《窃贼日记》等,暴风骤雨般摧毁了美国文学审查的壁垒。虽然也有人指责罗塞特"弄脏了出版业的脸面",但他由此打造了属于格罗夫出版社自己的黄金时代,也为其他美国出版社开辟了道路,并造就了美国文学的繁荣。

四、伟大编辑的成批出现

这个时候的美国出版业奉行的是"编辑至上",管理部门和利润指标并不具有特别的意义。比如，西蒙-舒斯特出版社管理部门的工作只是在编辑部门购买文具用品时提醒他们少花点钱而已。当时的其他大型出版社，如兰登书屋、维京出版社、克诺夫出版社等，也大同小异。他们的"指挥系统"是直接从老板到出版人（有时是同一人）到编辑，管理部门只是公司的管家婆，属于"旁系人马"，出版社的重要会议也没他们的份。此时的编辑在干什么呢？西蒙-舒斯特出版社当时的编辑、后来的总编辑迈克尔·科达在《因缘际会》中描绘了这样的情景："公司里如果听到什么新的消息，好比获选为每月一书俱乐部的主打书、登上畅销书排行榜或是终于收到期盼已久的稿件等，大厅走道上就会突然响起一阵骚动，然后大家争先恐后地打听到底发生了什么事。戈特利布如果发现了喜欢的作品，他会到走廊上大声地念上几段，身边就会立刻围过来许多人，催促他赶快签下购书合约，当然偶尔也有请他打消念头的情形。"在这样的环境中，出版社也成为作者们惬意的家，常常不请自到。兰登书屋的编辑总监贾森·爱泼斯坦曾经说："不过，我还是认为那是一个梦幻般的地方。作者们常常不请自到。W. H. 奥登会穿着毛拖鞋来社里，将书稿放在我的桌上，咯咯地笑着说：'你们最好现在就把稿酬给我。'"

这里尤其要提到的是"四大编辑"：罗伯特·戈特利布、罗伯特·吉鲁、科克·史密斯、罗伯特·卢米斯。

罗伯特·戈特利布是不同于珀金斯的新型编辑。珀金斯类似于"作家的保姆"，为斯科特·菲茨杰拉德、厄内斯特·海明威、托马斯·沃尔夫等的作品呕心沥血，甚至代笔，但吃力未必讨好。戈特利布则是"作家的朋友",他的使命就是帮助作家写出最好的作品,但绝不越雷池一步。他先后供职于西蒙-舒斯特出版社、克诺夫出版社,在50年编辑生涯中编辑了1000多本书,表现出良好的文学修养、饱满的工作热情、独到的编辑眼光和高超的编辑手法,因此被称为"编辑中的编辑""最具天赋的编辑"。与他合作过的著名作者不胜枚举,我们可以这么假设,如果没有戈特利布,也许美国历史上就少了约瑟夫·海勒、约翰·契弗这样的著名作家,托妮·莫里森也许就得不了诺贝尔文学奖,多丽丝·莱辛也少了一位知音。

和罗伯特·戈特利布一样,长期供职于法勒-斯特劳斯-吉鲁出版社的罗伯特·吉鲁也是珀金斯的忠实传人之一。2008年9月5日早晨,94岁高龄的他去世,欧美各大媒体纷纷冠之以"文学巨人的养育者""改变美国文学形态的出版人"等。

在近60年的编辑生涯中,吉鲁运用他的"神秘之手",出版了很多著名作家的第一本书:杰克·凯鲁亚克、弗兰纳里·奥康纳、琼·斯塔福德、伯纳德·马拉默德、苏珊·桑塔格、威廉·加迪斯等。在他编辑过的作家当中,不少于七人获得过诺贝尔文学奖:T. S. 艾略特(1948年)、亚历山大·索尔仁尼琴(1970年)、艾萨克·巴什维斯·辛格(1978年)、威廉·戈尔丁(1983年)、纳迪娜·戈迪默(1991年)、德雷克·沃尔科特(1992年)和谢默斯·希尼(1995年)。《纽约时报》的职业书评人克里斯托弗·莱曼-豪普特称赞这位"文坛伯乐"是有着"黄金一般标准文学品位"的出版人,此言不虚。

科克·史密斯俨然是一个美国出版界的超级传奇式人物。

他身为编辑所做的第一件事就是与一向神秘低调的托马斯·品钦建立起稳固的关系。品钦以其最古怪的性格和最耀眼的作家身份，而闻名于当时的黄金时代。他们两人之间既是工作关系又有朋友情谊。身为编辑的科克所做的工作就是帮助品钦成为20世纪的文学大师。在他的细心呵护下，品钦先后出版了《V》《第49号拍卖品》《万有引力之虹》。其中，《万有引力之虹》不仅位列当年《纽约时报》畅销书榜的第八名，而且帮助品钦获得了美国国家图书奖。

罗伯特·卢米斯为兰登书屋服务了五十多年，其作者有威廉·斯泰伦、玛娅·安杰卢、丹尼尔·布尔斯廷、尼尔·希恩、乔纳森·哈尔、约翰·托兰等。

而非常值得一提的就是兰登书屋围绕传奇编辑萨克斯·康明斯打造的编辑群体。在兰登书屋这么多年，他合作过的作家有西奥多·德莱塞、格特鲁德·斯泰恩、W. H. 奥登、辛克莱·刘易斯、威廉·卡洛斯·威廉斯、欧文·肖、沃尔特·范蒂尔堡·克拉克、理查德·特里加盖基斯、伊萨克·丹森，还有尤金·奥尼尔和威廉·福克纳两位诺贝尔文学奖获奖作家。

不止于此，兰登书屋的两位老板贝内特·瑟夫和唐纳德·克洛普弗还围绕萨克斯·康明斯打造了一个颇具活力的"编辑群体"，包括：罗伯特·K. 哈斯、哈里·莫尔、罗伯特·林斯科特、乔·福克斯、艾伯特·厄斯金等。

五、出版人年富力强，独立经营

19世纪中叶以来，美国图书出版业形成的一个传统——合伙制。这从出版社的名字可见一斑。

西蒙-舒斯特出版社的创办者是理查德·西蒙和马克斯·舒斯特，前者时任汽车销售杂志编辑，后者从事钢琴推销。1924年，两人合资8000美元，一个主管编辑业务，一个负责市场营销，各司其职，分工协作。他俩在一个临街小铺里面对面摆了两张桌子，出版了世界上第一本纵横字谜书，新公司就这么开张了。

其他还有：利特尔-布朗出版社的查尔斯·C. 利特尔和詹姆斯·布朗、雷纳尔-希区柯克出版社的尤金·雷纳尔和柯蒂斯·希区柯克、霍顿-米夫林出版社的亨利·奥斯卡·霍顿和乔治·米夫林、法勒-斯特劳斯出版社的约翰·法勒和罗杰·斯特劳斯等，不胜枚举。开夫妻店的也大有人在，比如克诺夫出版社的艾尔弗雷德·克诺夫和他的新婚妻子布兰奇、万神殿出版社的库尔特·沃尔夫和海伦·沃尔夫夫妇。

尤其值得一提的是，兰登书屋的名称上虽然没有体现合伙人的名字，但创办者也是两位：贝内特·瑟夫和唐纳德·克洛普弗。两人各出资10万美元，从即将破产的霍勒斯·利夫莱特手中买下了"现代文库"丛书。瑟夫负责编辑、广告、公关和推广；克洛普弗主管行政和印制。但是发行则是两人共同承担。在创办后的很长时间里，两人共用一个办公室，办公桌也是面对面，而且共用一个秘书。虽然贵为创始人和大股东，他俩的工资甚至比出版社的一些编辑和发行员还要低。这种和谐的合伙关系一直延续了55年之久，直接把兰登书屋送上了美国第一大出版社的位置。到1959年兰登书屋上市时，它的股值高达200万美元,是他俩当初投资的20倍;到1965年底美国无线电公司(RCA)收购它时,出价是2700万美元,是当初投资的135倍。

"黄金时代"的美国图书出版业的另一个显著特点是家族式经营。当时的出版人经常得意地称自己是"家族企业"。他们的意思是大部分出版社都是私人经营的企业,资产由其创办人或者私人家族拥有,比如哈珀出版社的卡斯·坎菲尔德父子、维京出版社的金兹伯格父子、利特尔-布朗出版社的阿瑟·桑希尔父子等。而双日出版社的父业子承关系维持了三代以上;斯克里布纳出版家族的承继关系维持了五代以上,其总裁无一例外地都叫查尔斯·斯克里布纳。

六、欧洲的衰落和美国的崛起

经过惨绝人寰的"二战"之后,老牌出版强国英国和西欧各国遭到毁灭性的打击,许多城市被夷为平地,出版业也遭到了极大的破坏,作家变得"无家可归"。由此,美国的图书出版人们开始实施他们自己的"马歇尔计划"。不仅仅是那些已然处于黄金发展期的老牌出版社,诸如克诺夫出版社、兰登书屋、维京出版社、哈珀出版社和双日出版社等,就是那些新兴的出版社,从法勒-斯特劳斯出版社到巴尼·罗塞特的格罗夫出版社,再到雅典娜神殿出版社,也在从法国、德国、意大利、拉美以及世界其他地区大张旗鼓地网罗最优秀的文学作品。由此,美国取代英国和欧洲成为全世界图书出版的中心。

比如,朱迪丝·琼斯为双日出版社发现了《安妮日记》;

巴尼·罗塞特为格罗夫出版社带回了塞缪尔·贝克特的《等待戈多》；乔治·布拉齐勒为他的出版社带回了亨利·马蒂斯的《爵士》；拉尔纳德·布拉德福德在他的一次英伦之旅中带回了约翰·福尔斯的《法国中尉的女人》；西蒙·迈克尔·贝西为新生的雅典娜神殿出版社买下了安德烈·施瓦茨-巴特的《唯一》，举不胜举。1971 年，新任总编辑汤姆·麦考马克去英国伦敦出差，希望那里的出版社和代理人能向尚不知名的圣马丁出版社"施舍"一些还没有卖出美国版权的书稿，带回了英国一个兽医写的一本青少年读物《如果他们会说话》。结果，詹姆斯·赫里奥特接连奉献了《大地之歌》《大地之声》《大地之恋》《大地之爱》。上帝般的赫里奥特造就了圣马丁出版社。

参考文献：

1. Silverman, Al. *The Time of Their Lives: The Golden Age of Great American Book Publishers, Their Editors and Authors*. St. Martin's Press, 2008.

2. Tebbel, John. *Between Covers: The Rise and Transformation of Book Publishing in America*. Oxford University Press, 1987.

3. Gottlieb, Robert. "The Art of Editing" (interview by MacFarquhar, Larissa). *The Paris Review*, Issue 132, Fall 1994.

4. 〔美〕贝内特·瑟夫：《我与兰登书屋》，彭伦译，人民文学出版社 2007 年版。

5. 〔美〕迈克尔·科达：《畅销书的故事》，卓妙容译，中国人民大学出版社 2006 年版。

6. 姚乃强：《美国青年士兵的生动写照》，载《盐城师范学院学报

（人文社会科学版）》，2005年第25卷第3期。

7. 许红娥：《美国战争与战争文学中对"战争"的影射》，载《成都大学学报（教育科学版）》，2007年第21卷第6期。

美国图书的分类和规模

美国图书业有着相当明确的出版区分,主要取决于出版商想要占领的市场。美国图书主要有一般图书、平装书、教科书和专业图书四大类型,占了美国图书市场的80%左右。而根据其他分类标准,美国图书出版可分为大众出版、教育出版和专业出版。美国是世界上最大的图书市场,我国出版社要与美国出版社进行版权贸易、合作出版,要吸收美国图书出版业的先进管理经验和技术,首先就必须对美国图书市场的分类和规模有所了解。

一、美国图书的分类

(一)一般图书

对业外人士来说,最熟悉的图书类型大概是**一般图书**(trade book),这是图书业用来描述通过书店销售给大众消费者的图书的专业术语。以前,我国有些专业书刊上把它称为"贸易版图书",这是错误的译法。

一般图书的显著特征就是精装本,读者对象分为成人和儿童。近年来,一般图书的平装版本也已经在图书市场上占据了很大的份额。从美国全国范围来说，当我们在一般平装书（trade Paperback）上花了1个美元时，我们就在精装书上花了2个美元。因此，一般图书具体可分为成人精装书（adult hardcover）、成人平装书（adult paperback）、儿童精装书（children's hardcover）、儿童平装书（children's paperback）四类。从图书内容上，一般图书也可分为许多小的类别：小说、流行非小说、传记、古典文学、烹饪、业余爱好、科普、计算机、旅行、美术、自我修养、体育、音乐、诗歌和戏剧。它们通过大约12000个代销店、200家图书俱乐部和30000个图书馆进行销售。

只有10个左右的大出版商控制着美国的一般图书市场，比如兰登书屋等。兰登书屋是美国最大的图书出版公司，2002年在美国和加拿大的销售额为14.5亿美元，光在美国就出版了3500多种新书。许多出版商集中在东海岸，主要在纽约、波士顿和费城等城市。但也有许多东部的出版商在西海岸设立了分公司。小出版商则散布美国各地。有些由于把目光瞄准某个地区而使得他们的出版业务比较繁荣。其他的则把重心放在那些可以吸引特殊兴趣群体的图书。

一般图书的出版必须承担巨大的风险，这也许要归因于其读者相对不够固定，市场的不确定因素较多。比如，只有不到5%的新出版的一般图书每年能卖到5000册之多，而对出版商来说，只有这样一个数量才能基本收回他们的投资。它表明只有很小部分出版的图书是赚钱的生意；而这一小部分创造的利润必须能够补偿那95%的根本不能赚钱的投机性图书。这也造成了一般图书的价格比较高。而在大部分情况下，一般精装书对出版商来说是赔钱的。利润大多可能来源于把权利卖给想用平装书形式重印一般图书的出版商，或是自己印刷平装书版本来补偿装帧豪华但不赚钱的精装书版本。

（二）平装书

同时在书店和报刊亭销售的**平装书**（paperback）是美国图书的另一类型。平装书不是美国人的发明，但在美国得到了极大的发展。1939 年 6 月，美国人 R. F. 德格拉夫创办了袖珍图书出版公司。不久，"二战"爆发，军队版平装书的大量出版推动了该公司平装书业务的发展。随后，出现了一大批平装书出版社，平装书出版也蒸蒸日上。到 2002 年，大众市场平装书占美国书业销售总额的 6.4%，如果考虑到其价格是精装书的一半甚至还要低，那么它的销售册数就相当可观了。

平装书也是印刷技术发展的产物。高速印刷机和胶印技术的投入使用使得印刷过程更加快捷和经济。无线装订代替锁线订，也节约了生产成本，产生了额外利润。平装书又可分为大众市场平装书（mass-market paperback）和高级平装书（quality paperback）。前者是为书店和报刊亭的书架设计的简单开本，也称为袖珍版平装书。后者比前者有着更大的尺寸和更高的价格。高级平装书不同于一般图书的地方就在于它的软封面。

在美国大约有 20 个的主要平装书出版商，比如矮脚鸡-双日-德尔出版公司、华纳图书出版公司、新美国文库出版公司、袖珍书出版公司等。而 75% 的大众市场平装书业务是由其中 8 个最大的出版商控制。许多出版商倾向于专业化图书，而有些则主要在娱乐方面，有些在重印古典图书。大众平装书的读者是所有图书类型中最多的，他们没有统一的购买行为，也没有共同的购买兴趣。

当一个人想到平装书，就想到比精装本便宜的同样内容的大众市场版本。但它并不能说明一切。比如有许多古典图书以平装本出版，唯一的原因是版权到期，不需要支付版税。因此，即使其销售额较小，因为其更便宜的出版费用，也可以产生利润。

原来，美国图书出版的惯例是先出精装书，然后平装书出版商从精装书出版商那里购买平装书重印权，再出版其平装书版本。从20世纪80年代以后，也逐渐出现用平装书出版初版书的情况，而且越来越普遍。在这种情况下，作者每部作品的版税率更低，在2%—4%之间，而精装书在10%—15%之间。但作者和出版商看重的是平装书的巨大的销售数量和销售额。一般来说，这些平装初版书主要集中在娱乐图书领域。西部小说和浪漫小说也是最先用平装书形式出版的。"禾林"浪漫小说就是一个例子。该公司有一个稳定的作者班子，他们遵循一个固定的模式，创作出一些经常读起来和听起来类似的图书。

平装书出版商的规模和地位在美国图书业中得到快速的发展，以至于一些作家开始把他们的作品首先卖给平装书出版商，而后者再把重印权卖给精装书出版商，甚至把影视改编权卖给好莱坞。因此，原来的平装书附属权成了主权利，而原来的精装书主权利则成了附属权。

(三) 教科书

教科书（textbook）是图书的第三种类型，是专为小学、中学和大学水平的学生出版的。它可分为中小学教科书（el-hi）和大学教科书（higher Education）。

在出版业内，教科书已经成为美国最大的图书市场。比较著名的出版公司有约翰·威利父子公司、霍顿·米弗林出版公司等。一本成功的教科书可以一直为它的作者和出版商赚钱，因为每年都有新的班级甚至新一代学生进入小学、中学和大学。一本成功的教科书出版后可以用三到五年，作者必须根据新的知识来不断更新教科书的内容。出版商就可以在原来的基础上出版一个新的版本。对一本成功的教科书来说，经过6次到8次修订是再平常不过的事情。

与一般图书不同的是，教科书的潜在作者的数量更小，比如大学教科书一般由教授所写；而且每本书的市场也相对比较小，因为它限定在那些进入学校和大学里正在上相关课程的学生。然而，一个长期受众的相对永久性和销售的强制性状态足以弥补这些缺点。

很显然的是，教授不仅是教科书内容的主要来源，而且是它发行的方式。为他们讲课的班级订购教科书是他的职责，书店很少备有现货。"大学旅行者"（college travelers）也就是来自出版公司的推销员。他们熟悉学术界和各个协会、学科的教授。在销售教科书之外，他们还是他们出版公司的"书探"，寻找潜在的作者和发行商。

中小学教科书的经营和销售在程序上与大学教科书略有区

别。它往往代表着许多大出版公司的最赚钱的部分。教科书一般由出版公司的一组内部编辑所写，对应的是那些小学课程计划中的基础系列课程比如阅读、数学、科学以及社会学科课程（比如地理、历史、政治和社会学等）。由内部编辑来撰写教科书，可以使整个编辑出版过程变得易于管理，而且出版商可以对最终产品有更多的控制。

美国没有全国性统一使用的中小学教科书，它的采用完全取决于州一级政府。如果某本教科书在得克萨斯州高中被采用，就意味着成千上万美元的销售额。而整个加州的教科书市场的价值超过1亿美元。因此，出版商非常注重来自州教育当局和学生家长的意见。从出版商的观点来说，"温和"和"无害"在中小学教科书中是安全的和积极的。比如理查德·尼克松总统卷入"水门事件"的原因只是"他想帮助他的朋友"，中小学生不需要知道更多的背景和理由。这样的教科书经常被由家长和地方教育董事会组成的教科书委员会购买。

而教育管理部门也因为可读性原则和宗教禁忌等原因，经常对某本教科书的内容进行批评。比如，美国教育署（National Institute of Education）的一项研究谴责社会学科课程和历史教科书没有注意到美国历史中的宗教方面。加州教育局（the California Board of Education）拒绝所有的对该州七八年级科学课中的关于核战争、环境和人类性生殖的主题进行简单处理的教科书，而且它要求一个出版商对它的社会学科课程进行修改，删掉关于人类演变的参考书。

教科书的销售显然反映了在校学生人数的变动。在1945

年"二战"末期，教科书占了美国图书销售总额的五分之一。一旦战后婴儿潮中的孩子达到入学年龄，图书销售额就会大幅度上升。2002年，教科书占到总额的约四分之一。虽然学龄人口在逐渐下降，但由于入学人口没有降低，以及价格的原因，教科书实现了平稳的增长态势。

（四）专业图书

专业图书（professional books），也称为学术图书（scholarly books），是为大学毕业后的专业人员所写。不仅专业图书出版公司，许多大学出版社出版的图书就是针对这个市场的。

专业图书或学术图书，一般是指由专业人员所写而供其他专业人员阅读的作品。比如一本解释詹姆斯·乔伊斯小说中的象征主义的专著等。多年以来，出版商已经在法律和医学图书领域大显身手，因为律师和医生必须精通他们的业务。其他学科不像它们这么有吸引力，但在近年来，行为科学的发展引起出版商的极大兴趣。

一些图书的开机印数可能只有1000册那么低，造成单位成本的提高和昂贵的定价。因此，一本薄薄200页的书或许定价在30美元以上。

法律和医学方面的专业图书经常通过分区签约的推销员销售。这种促销方式是可行的，因为每本书的价格相对较高，经常是每本50美元以上，而且因为专业人士一次可能购买几本书。其他学科的专业图书则通过直邮方式售卖给门诊医生、从业者和大学教授。

二、美国图书市场的规模和分布

在 20 世纪 90 年代早期,美国人在购买图书上大约一年花 168 亿美元,是 1947 年的 38 倍多。其中,一般图书(包括成人图书和青少年图书)占了总数的四分之一,为 27.7%;专业图书 18.4%;教科书 24.6%(其中中小学教科书 12%;大学教科书 12.6%);大众市场平装书大约 7.5%。这四部分之和占总数的 78.2%。

据美国出版商协会的估计,2002 年美国书业销售额比上年上升了 5.5%,达到 268.7 亿美元。经过十年的变化,一般图书、专业图书、教科书、大众市场平装书这四部分之和为 217.7 亿美元,占总数的 81%,上升了 2.8 个百分点,说明美国图书市场的集中程度有所提高,但还在 80% 左右徘徊(见表 1)。

表 1　2002 年美国书业销售额初步估计

单位:亿美元、%

部分	销售额	占总额的百分比
一般图书	69.3	25.8
专业图书	51.4	19.1
教科书	79.7	29.7
大众市场平装书	17.3	6.4
合　计	217.7	81

其中,教科书 79.7 亿美元,占销售总额的 29.7%(其中中小学教科书 40.7 亿美元,大学教科书 39.0 亿美元);一般图书 69.3 亿美元,占总数的 25.8%;专业图书 51.4 亿美元,

占 19.1%；大众市场平装书 17.3 亿美元，占 6.4%。与十年前相比，教科书部分占了 30% 左右，超过一般图书位居第一。一般图书下降了 1.9 个百分点，专业图书的市场份额有所提高，而大众市场平装书有所降低。

而另一种分类方式则是把图书分为大众图书（consumer books）、专业图书和教育图书（educational books）三大类。大众图书也称为消费类图书，包括下列小的板块：一般图书、宗教图书（religious books）、俱乐部版图书（book clubs）、邮购图书（mail order）、大众市场平装书、大学出版社图书（university presses）、标准测试图书（standardized tests）、预订工具书（subscription reference）和其他图书；教育图书也就是教科书。相应的，美国的图书出版也分为大众出版、专业出版和教育出版三大类。2002 年，这三大类型在美国图书市场中所占份额如下表：

表2 2002 年美国书业销售额初步估计

单位：亿美元、%

部分	2002 年	百分比
大众图书	137.6	51.2
一般图书	69.3	25.8
宗教图书	12.6	4.7
图书俱乐部	14.6	5.4
邮购	3.3	1.2
大众市场平装书	17.3	6.4
大学出版社	3.9	1.5
标准测试	2.7	1.0
预订工具书	8.0	3.0
其他	5.9	2.2

(续表)

部分	2002 年	百分比
教育图书	79.7	29.7
中小学教科书	40.7	15.2
大学教科书	39.0	14.5
专业图书	51.4	19.1
合　　计	268.7	100

其中，大众图书的销售额是137.6亿美元，占了美国图书市场的一半还多。教育图书近80亿美元，占近30%。专业图书为51.4亿美元，占19.1%。

参考文献：

1. 陆本瑞主编：《外国出版概况》，辽宁教育出版社1996年版。

2. Jay Black、Jennings Bryant：*Introduction to Media Communication*, fourth Edition, USA, 1995.

3. http://www.publishersweekly.com

（原载于《编辑学刊》2003年第5期）

罗伯特·戈特利布何以
成为天才编辑

　　我不认为编辑是一种最具创造性的天才，那是非常难得的……人们从我身上发现的作为编辑的那些品质，譬如眼光啊，善意啊，品味啊，耐心啊，以及旺盛的精力啊什么的，这些都没什么了不起的！我对这些素质反倒不看重……我其实只做了一件事，那就是保护和培育一个艺术家的才华。我的工作就是呵护这些美妙的天才。

——罗伯特·戈特利布

　　编辑的本质是躲在荣誉之后的、不被注意的艺术。编辑的劳动往往体现在作家的作品当中，因此一个伟大作家诞生的身后往往站着一个同样伟大的编辑。戈特利布（Robert Gottlieb，1931— ）可能不是一个家喻户晓的名字，而在大西洋两岸的一代作家中，罗伯特·戈特利布却绝对是一个传奇。毫不夸张地说，戈特利布也许是近几十年来最著名、最具影响力的编辑。

自 20 世纪下半叶以来，戈特利布逐渐成为一位备受尊崇的编辑、出版人。他还是美国文坛的常青树，70 多岁了仍然活跃不已。他以编辑出版约瑟夫·海勒（Joseph Heller）的《第 22 条军规》（Catch-22）起家，曾经担任过西蒙-舒斯特公司（Simon & Schuster）的副总裁兼总编辑、克诺夫书局（Alfred A. Knopf）的出版人兼总编辑，还曾经出任过 5 年的《纽约客》主编。在其 50 年的编辑生涯中，他编辑过不下 1000 本书。在由戈特利布担任过图书编辑的知名作家中，既有托妮·莫里森（Toni Morrison，1993 年）、V. S. 奈保尔（V. S. Naipaul，2001 年）、多丽丝·莱辛（Doris Lessing，2007 年）这样获得过诺贝尔文学奖的世界级作家；也有约翰·契弗（John Cheever）、芭芭拉·塔奇曼（Barbara Tuchman）、罗伯特·A. 卡洛（Robert A. Caro）这样的普利策奖得主；还有像美国前总统比尔·克林顿（Bill Clinton）、《华盛顿邮报》老板格雷厄姆夫人（Mrs. Graham）、著名演员凯瑟琳·赫本（Katherine Hepburn）这样的各界名流。而从他的写作生涯来看，说他是一位作家也并不为过。

比尔·克林顿曾在他的书中评价说"戈特利布是人类历史上最伟大的编辑"，这并不是一时的褒美之词。而从他的 50 年编辑生涯来看，要成为一个伟大编辑，获得各界的至高赞誉并非一日之功，必备的几项素质缺一不可。

一、深厚的文字功底

罗伯特·戈特利布 1931 年 4 月 29 日出生于美国纽约市曼

哈顿上西区的一个书香家庭，他毕业于哥伦比亚大学，并曾在剑桥大学深造两年。他的父亲是一位律师，母亲是一位教师，他曾经说过他父亲的"最大的乐趣非常古怪，那就是能尽情狂欢，另外就是买很多书"。这为戈特利布的成长创造了良好的文化氛围，强大的阅读能力是源于天成还是熏陶已不再重要。让家人和朋友吃惊的是，他每天能读三四本书，还能一次持续16个小时不停地读。十几岁的时候，他一天就读完了《战争与和平》，上大学的时候他在一周内读完马赛尔·普鲁斯特（Marcel Proust）《追忆逝水年华》（*Remembrance of Things Past*）一书7卷中的6卷。这种纪录在戈特利布的阅读历史中比比皆是。戈特利布能成就自己的编辑事业，并在此基础上开创自己的晚年写作事业，离不开他的这种日积月累。

即便是为了他的爱好而编辑出版的一本书《品读爵士》（*Reading Jazz*）也成了一本超过1000页的颇有价值的作品集，几乎涵盖了自1919年至1996年期间所有有关爵士的话题和爵士音乐家。这个作品集包含了150多篇摘自其他图书、杂志、报纸的文章，还有来自长篇自传作品中的摘要、唱片护封上的说明文字。戈特利布将所有这些内容融合在一起，在他的驾驭之下重新加以整合，分成自传、报道、评论三部分，并分别为每一部分添加介绍和序言，使之成了一部思考爵士乐的佳作。

二、饱满的工作热情

1955年，在戈特利布申请西蒙-舒斯特公司总编辑杰克·古德曼的编辑助理一职时，古德曼问他为什么要做编辑，他回答说："我从没想过干别的。"从那时开始，戈特利布就将全身心投入他为之奋斗一生的编辑生涯中。

戈特利布的工作时间没有限制，在任何时候任何地方都有他工作的身影。为格雷厄姆夫人修改她的自传《个人历史》（*Personal History*）时，戈特利布甚至一边改稿件一边赤脚围着格雷厄姆夫人的公寓走来走去；同样地，他还曾带着睡衣到克林顿总统的家里，与克林顿总统一起通宵工作，修改稿件。在编辑罗伯特·A. 卡洛的《权力掮客》（*The Power Broker*）一书时，卡洛每天早上都要到戈特利布的办公室商讨稿件事宜，这样的日子整整过了一年。而每当卡洛傍晚离开时，还有一长队人在办公室外面等着戈特利布。

痴迷于工作的戈特利布对吃饭之类的社会应酬一点也不感兴趣，除了与作者一起工作，他很少在私下与作者交流。卡洛曾经是戈特利布的同事也是克诺夫书局的一位作家，但他说他与戈特利布除了工作之外基本上没什么日常交往。

戈特利布曾经说过，他所修改过的文章比大多数人一生所读的文章还要多。他说他的成就主要是依靠自己努力的结果。他总是开玩笑说："在我的墓碑上应该写上：戈特利布，人事已尽。（Robert Gottlieb. He Got It Done.）这绝对是我的动力，去完成它。"然而，他还说："这就像是满足一种需求。我不会做完某件事后说：哇，我做完了，太棒了，我太高兴了。而是：噢，好吧，这个完成了，现在就进行下一个吧。"

在从业的 50 年里，戈特利布从没真正休过假，他认为自己只有 10 多天完全没有工作。可以说他是一个不折不扣的工作狂。除了他的编辑手法、精确的判断力、对自己品味的绝对自信之外，戈特利布最大的长处就在于他的这种热情。他喜欢什么，就迫不及待地要感动全世界都来喜欢，其实出版的精神就在于此。

三、独到的编辑眼光

世上有两类好编辑，其中一类就是好的策划编辑，能够帮作者寻定写作方向、分定章节次序、确定笔调主线，犹如舞台剧导演一样激发出演员最好的表演潜力。戈特利布当之无愧地位列其中。

在从事编辑职业的第二年，年仅26岁的戈特利布就因接手了约瑟夫·海勒的《第22条军规》而在出版界名声大噪。实际上，《第22条军规》原来的名字是《第18条军规》（*Catch*-18），不巧的是，当时的畅销书作家利昂·尤里斯（Leon Uris）也写了一部名为《米拉18》（*Mila* 18）的小说，同样准备在西蒙-舒斯特出版。相对与这位业已出版过一部超级畅销书（《出埃及记》）的著名作家，刚刚出道的海勒显然没有任何优势。戈特利布和海勒一起，几乎试遍了所有的数字组合仍未找到合适的书名。后来，戈特利布终于在一个辗转未眠的夜晚想到了"22"这个数字。从"18"改为"22"，其中的道路迂回曲折，但仍值得等待。原因是：22具有18或其他任何数字不具备的主题意义。在《第22条军规》中，所有的事都是成双的。尤索林两次飞越位于费拉拉的桥，他的食物两次被下毒，书中还有一章"一个目睹所有事情两次的士兵"，讲的是一位自我感觉能体验所有事情两次的牧师，尤索林能对快要死去的斯诺登说的是"那儿，那儿"，斯诺登唯一能回答的是"我能，我能"，等等。双数是一种文体工具，它能暗示事实必须的本质。没有东西是单独存在的、清晰明白的。题目由重复的数字组成（2代表双重性，又由两个2组成22），传达了一种《第18条军规》无法企及的意念。

戈特利布还建议海勒不急于出书，应该再花两年时间进行改写，越发使这本书蒙上了一层神秘的色彩，因为从头到尾只有戈特利布和他的助手读过。每次出版日期延后，戈特利布都聪明地加以处理，并再次加强别人的预期心理，然后偶尔透露一两段情节，登上诸如《巴黎评论》（*The Paris Review*）之类的高级文学刊物，吊足了大家的胃口。果然，这本书出版后大获成功，成了当代堪称"黑色幽默"的经典著作，而"第22条军规"也成了一个美国成语，被当成是专制权势的象征。

戈特利布广泛的阅读和对编辑工作的全心投入，使他能够即使不看作者的名字，也能精确把握每位作者作品的风格。早在20世纪60年代，多丽丝·莱辛就以《野草在歌唱》《金色笔记》等享誉文坛，深得出版商的青睐。到20世纪80年代初，莱辛陆续完成了两部长篇小说：《一个好邻居的日记》和《如果老年人能够……》。此时，早已功成名就的她想试试出版商出版她的作品，是因为她的名气还是她的作品本身。于是，她化名"简·索默斯"，把它们分别寄给了她在英国伦敦的两个长期出版商。没想到，编辑一看是无名小卒的来稿，看也不看就退回了稿件。1982年，莱辛的代理人又把书稿拿给戈特利布看，他一眼就看出其真正的作者就是莱辛。他说："我刚一读就大笑了起来，因为这个笔调对我来说太熟悉了。"他不但答应这两本书不加声张地在克诺夫书局出版，还同意与莱辛一起保守秘密，静观事态的发展。果然，两本书问世后没有引起舆论的注意，书的销路极低，每本只有三千多册，根本不能和署名莱辛的著作同日而语。在两年后的1984年，莱辛把这两部小说合二为一，改称《简·索默斯日记》，以真名莱辛出版，各种报刊争相评价，一时洛阳纸贵，也让原来的出版商大为尴尬。戈特利布就此评价说，虽然每本只有三千册，但是实实在在的三千册。

戈特利布还常常以他的编辑直觉，就内容部署、情节设置以及提供选题等为作者提供各种建议。托妮·莫里森曾是戈特利布在兰登书屋的同事，他们的共事始于1973年她的第二部小说《秀拉》（$Sula$）。戈特利布1987年离职去《纽约客》担任主编之后，一位新编辑被派来负责与莫里森的合作。但是她的《爵士》（$Jazz$，1992）和《天堂》（$Paradise$，1998）也反响平平。而她的写作状态的恢复有一部分要归功于戈特利布的再次出现。戈特利布提醒她要恢复书中一个已被删掉的小人物，还让她放弃了一个主要人物说出的"一个异常优美的段落"（戈特利布觉得有点冗长），对于这个人物什么时候（或者是否）变成了鬼，戈特利布希望能描写得更清晰一点。他还鼓励她"要有开放的思想和无畏的精神"，冒一些险，比如在她的小说《所罗门之歌》中描写一个没有肚脐的女人。

克林顿回忆录初撰的时候，克林顿曾经交给戈特利布一份

150多页的书稿，里面几乎记下了所有他认识的人的事，后来又有150多页关于他对阿肯色州政界的介绍和他在20世纪70年代和80年代早期与各种人的接触。戈特利布对此的答复是："好家伙！这些很棒。但有多少是你编造的？这简直是故事。你不能在书里乱编，要讲实话。"虽然克林顿保证这是事实，但这些看上去像小说的部分无一例外地被删掉了。

为作者提供图书选题是一项有风险的工作，但在他的指引下，畅销书、长销书频出。正是戈特利布给查姆·波托克（Chaim Potok）推荐了《飘忽不定》（*Wanderings*）一书的构想；是他让安东尼娅·弗莱瑟（Antonia Fraser）写亨利八世6个老婆的故事；也是他劝说约翰·契弗把他所写的小故事集成一本有趣的书《约翰·契弗短篇小说选》（*The Uncollected Short Stories of John Cheever*），作者因此而获得1979年的普利策文学奖。

尽管很多编辑在对作者提出自己想法的时候会失败，但由于戈特利布自身的阅读经验，对作者的写作风格非常熟悉，又能对市场有精准的把握，他总能在愉快的合作中让作者接受自己的想法，双双把作品推向成功。

四、高超的编辑技巧

好编辑的另外一种是好的责任编辑，能够帮你改正语法、纠正错字、补正资料等。戈特利布作为一代名编辑，对作者稿件的修改依然是字字不漏，仔细斟酌。他能坚持自己的判断，不容易被作者所迷惑。同时，他又能真诚而不失妥当地为作者指出不当之处，作者自然也会欣然接受。

回忆起《第 22 条军规》的编辑过程，海勒称戈特利布是一位大刀阔斧、铁面无情的编辑，有时候大段大段地修改，甚至还有大约五六十页的一章被全部删除了，改完后又不停地重新打印书稿出来，致使"打印的一块块纸片洒满了戈特利布狭小办公室的每一个角落"。查姆·波托克的小说《抉择》则被删了 300 多页。最具代表性的是罗伯特·A. 卡洛的《权力掮客》一书，最初送去的书稿长达一百多万字，在 20 世纪 60 年代不太可能出版这么长的一本书。因此，最后正式出版时被删掉三十多万字，大约相当于 500 多页。

格雷厄姆夫人所写的回忆录《个人历史》中的每一句话都经过了戈特利布的修改，他还建议她把该书的中心聚焦于她个人生活中有关人性的故事。关于书以什么方式开头也有一番曲折，《华盛顿邮报》的一些朋友建议格雷厄姆夫人采取一种特殊的记叙方式，这是新闻工作者常用的手段。但是，戈特利布却让她以她父母的婚姻和她艰难的儿时生活这些简单的内容开头。该书于 1997 年出版，叙述简朴，更像是与格雷厄姆夫人的聊天，出版后不久便成为畅销书并获得普利策奖。

担任克林顿回忆录的编辑无疑是戈特利布编辑生涯中的一个亮点，然而他从不偏爱这一类的明星作家。他不惧怕威慑，不迎合、谄媚他人，他只是去掉他认为多余的部分。克林顿写的东西也逃不过被删节的命运。一旦克林顿对自己成长过程中的电影、橄榄球或摇滚乐文化谈得过多，这些偏离主题的内容就会被全部删掉。最终，这位著名编辑把克林顿的 20 多本手写笔记压缩成了 957 页的传记《我的生活》(*My Life*)。在书的感谢词中，克林顿向戈特利布致谢，他说道，没有戈特利布的帮助，"这本书可能会写得是现在的两倍长，却只有现在的一半好"。

五、雅俗共赏的文化品位

作为一名编辑，戈特利布同时追求高文化含量和低文化含量的作品，而且乐在其中。更妙的是，他两种都很擅长，这使他能集较高的文艺品位和独到的商业眼光于一身。他既不是一个咬文嚼字的老学究，也不怕被别人批评太商业化，他读好书也读"烂"书，只要是"好的烂书"。特意堆砌文字、用心设计的所谓畅销小说，或是虚情假意、矫揉造作的煽情小说，都让戈特利布读来索然无味。

戈特利布负责编辑的作品有严肃派的，也有通俗派的，严肃派的取得文学成就，通俗派的则成为商业畅销书，两方面他都做得游刃有余，无往不利。在他的作者名单当中，既有上述提到的类似多丽丝·莱辛、约翰·契弗这样的诺贝尔文学奖或普利策文学奖得主，也有迈克尔·克莱顿（Michael Crichton）、约翰·勒卡雷（John Le Carré）这样的以写推理侦探小说见长的畅销书作家，而各界名人的著作也不加排斥地被他收入囊中。1968 年，他离开西蒙—舒斯特公司到克诺夫书局（隶属于兰登书屋）担任出版人兼总编辑，该书局之前一直以其高水平、高质量的图书建立了良好的声誉，销售情况也不错。戈特利布继任后不仅保持了这些水准，而且在提高该书局的商业表现的同时，还出版了一系列成功的商业小说和名人的个人传记。

　　与戈特利布共事过的人都说，只要是真实的写作，即便是简单或文化含量低的作品，他也常常会看到其中的文学内涵。戈特利布在西蒙-舒斯特的一位同事、前总编辑迈克尔·科达在他的回忆录《因缘际会》（*Another Life*）中写道，戈特利布认为，"要带着真诚和内在的热情去写小说；只要能这么做，写的水平如何就不重要了"。《公共事务》杂志的出版人、曾与克林顿共事的彼得·奥斯诺斯说，正是戈特利布对雅文化和俗文化的同等热情，才使得他适合去编辑克林顿的书。他说，比尔·克林顿是一个雅俗均沾的人，而罗伯特·戈特利布对二者同样欣赏。

　　戈特利布工作之外的情趣也为他的编辑写作生涯蒙上了一道绚丽的光环。除了做其他作者的编辑，戈特利布还或编或写了一些他所感兴趣的图书。他的两大爱好爵士乐和芭蕾舞对此举贡献颇多。音像店与爵士乐的偶然一次邂逅使他对此着了迷，他开始读大量有关爵士乐的老文章，大部分都已绝版，后来他编了《品读爵士》一书。看似天生是编辑的他自幼就热爱芭蕾舞，大学毕业之后曾在英国做过舞台剧导演，晚年不仅担任纽约芭蕾舞团的董事，还是《纽约观察家》杂志的舞蹈评论家。他还不忘本职工作出版了几本舞蹈界人士的图书，包括米凯亚·巴瑞辛尼科夫（Mikhail Baryshnikov）和"舞蹈皇后"玛歌·芳登（Margot Fonteyn）。一代芭蕾舞大师乔治·巴兰钦（George Balanchine）的传记由他来执笔，似乎是当之无愧的最佳人选。他的另一大爱好是收集20世纪50年代的女士塑料包，1988 年他和别人合写的一本书《特别的风格：塑料包的艺术（1949—1959）》(A Certain Style: The Art of the Plastic Handbag, 1949 - 59) 让它们重新流行了起来。

当今美国出版业与半个世纪以前已经相比发生了很大的变化，由于巨大的商业压力，编辑中心制已经让位于经营中心制，兰登书屋、西蒙舒斯特这样的出版巨头也不免于追逐铜臭，大量出版商业性畅销书，编辑也不再像从前那样以发现好书为乐。这使得从那个时代走来的戈特利布感慨万千，摇头感叹。

在 1994 年的一次采访中，戈特利布说："出版业已发生了很多变化，其中一个变化就是如今很多编辑已不再编书。他们现在的任务主要是签订图书出版合同。"现在的许多编辑也不再自称为编辑，这项工作已经外包给一些廉价的编辑助手，他们甚至不再用"书籍"（Book）一词，在他们的工作中只有"选题"（Title）。戈特利布在用自己几十年的经历来试图打破这一悲观的局面，在滚滚商业浪潮中艰难地保守文化底线，殊为难得，也证明了一名伟大的编辑在成就文化中的不可或缺。

从事编辑出版工作 50 多年来，戈特利布已经编辑了大约 1000 本书，不仅成就了一批新作家，也使得一些著名作家的精品问世，可以说他们的作品经过戈特利布的精心雕琢之后熠熠生辉。编辑的乐趣恰恰就在于此。正如他的好友兼同事、兰登书屋前编辑总监贾森·爱泼斯坦所说的那样，"他也许是任何时代最具天赋的编辑"。

（合作者：樊文静，原载于《人物》2009 年第 2 期）

杰奎琳·肯尼迪的编辑生涯初探

有这么一个女人,她嫁入美国政坛豪门,贵为美国第一夫人,亲眼见到自己的总统丈夫被枪杀,后来又不顾一切下嫁希腊船王,把自己生命的最后18年献给了出版业。她是谁?

大家都知道,笔者说的是杰奎琳·肯尼迪·奥纳西斯(Jacqueline Kennedy Onassis,1929年6月28日—1994年5月19日,以下简称"杰奎琳")。人们对她那传奇般的一生可以说是耳熟能详,却未必知道她曾经作为一名编辑,先后服务于美国的维京出版社、双日出版社,在美国20世纪图书出版业留下了属于自己的那份精彩。

一、良好的职业积淀

1. 短暂摄影记者生涯收获伟大婚姻

肯尼迪夫人原名杰奎琳·李·布维尔,1929年6月28日出生在纽约长岛的一个中产阶级家庭。生下来就拥有美丽的家园、心爱的马匹、深爱的家人和书籍。孩童时代,她把大量时间花费在阅读契诃夫、肖伯纳等人的著作上。渐渐地,她的阅读兴趣开始转向莎士比亚、威廉·巴特勒·叶芝、萨特,甚至是迪派克·乔浦勒的作品。对书籍的热爱，还有文科大学的学习经历使她具备了从事文字工作的优秀潜质。

在华盛顿大学获得法国文学学士学位后，杰奎琳找到了她的第一份工作，在《华盛顿先驱时报》（Washington Times-Herald）做助理摄影记者，写专栏文章，周薪43.5美元。正是在采访过程中，她认识了当时任马萨诸塞州州长，后来当选参议员的约翰·肯尼迪。漂亮的女记者和杰出的议员之间虽然差了10岁，但并不妨碍伟大爱情的诞生。1953年6月23日，《华盛顿先驱时报》在头版刊登了如下标题："我们的摄影女郎和约翰·肯尼迪的罗曼史。"对杰奎琳而言，第一份正式工作最大的收获就是与约翰·肯尼迪的婚姻，她在很长时间内不需要再工作了。但她没想到的是，距离她再找第二份工作要花去23年的时间，而她会为此一直干到1994年去世为止。

2.《当仁不让》小试牛刀

1954年10月，肯尼迪因在"二战"时所受的背伤复发进行手术，次年2月又为此做了另一次背部手术。在康复期间，谋求总统竞选的他决定写一本书——《当仁不让》（Profiles in Courage），写的是美国历史上的8位勇敢的议员。这本书该如何构思？从什么角度下笔？这都离不开杰奎琳的出谋献策。书中需要的大量历史文献和人物资料也得靠她到国会图书馆索取。在杰奎琳的鼓励和帮助下，由他的高级顾问和首席演讲撰稿人特德·索伦森的操刀，肯尼迪完成了《当仁不让》一书。杰奎琳先是找到《华盛顿先驱时报》的同事安吉利·金格拉斯，后者给她推荐了哈珀出版社老板老卡斯·坎菲尔德（Cass

Canfield Sr.）。她直接登门拜访，才打动了老坎菲尔德阅读书稿的兴趣。他看后决定买下这部书稿，安排了著名编辑埃文·托马斯担任该书的责任编辑。

《当仁不让》出版后，引起评论界的巨大反响，媒体的好评如潮。只有杰奎琳才知道此事的内幕。正是在她的说服之下，肯尼迪的父亲乔瑟夫·肯尼迪才为该书的宣传慷慨地花了十万美元的宣传费。在随后的七八年中，《当仁不让》一直是一本不错的畅销书，获得了1957年普利策奖人物传记奖，还为肯尼迪当选总统起到了良好的推动作用。1963年，《当仁不让》位居美国畅销书排行榜非文学类第四名，在肯尼迪总统被暗杀后的1964年更是获得了第三名。通过这次经历，杰奎琳对书籍的构思写作、编辑出版、宣传营销有了初步的了解。

3. 编辑职业符合自身期待

肯尼迪总统死后，杰奎琳做了5年的寡妇，然后于1968年下嫁希腊船王亚里士多德·奥纳西斯（Aristotle Onassis），在杰奎琳·肯尼迪后面加了第二任丈夫的姓。1975年，奥纳西斯去世，她再次成了寡妇。这段不幸的婚姻留给46岁的她2600万美元，从此她可以衣食无忧，孩子们也长大了，她可以按自己的方式生活。于是，她决定找份可以实现她抱负的工作。由于杰奎琳喜爱文学和写作，她的两个朋友，一个是她原来在白宫的社交秘书莱迪蒂亚·鲍德里奇（Letitia Baldrige），一个是报纸专栏作家吉米·布雷斯林（Jimmy Breslin），都建议杰奎琳在出版业找份正式工作。

杰奎琳先是求助于某个熟识的出版社老板，但是对方告诉她,他的助理编辑们手头的活很多,不可能围着她这样一个毫无出版业从业经验的人打转。虽然她受了些打击,但是她在出版业工作的信心还是不减。在维京出版社(Viking Press)老板汤姆·金兹伯格(Tom Guinzburg)的盛情相邀下,1975年9月,她去了维京,开始了她近20年的编辑生涯。

二、可圈可点的编辑生涯

杰奎琳在出版业的职业生涯分为两段:(1)1975—1978年,在维京出版社;(2)1978—1994,在双日出版社(Doubleday Company)。

1. 维京出版社浅尝辄止

杰奎琳和汤姆·金兹伯格从小就认识,彼此欣赏。金兹伯格认为她能够成为一名优秀的编辑。当然,金兹伯格记得父亲曾经警告过他把朋友带入出版社工作的后果,但他还是雇用了她。他回忆说:"人们对我说,'你为什么要这么做?这只是一个公关噱头吧?'我说,'是啊,如果能起到这个作用,也不错。可那不是我雇用她的真正理由。'他们又说,'哦,那是为什么?'我说,'我雇用她,是因为在任何一天和她共进午餐或晚餐的人都有可能为我们贡献一部书稿。'"

杰奎琳的头衔是"顾问编辑"(consulting editor),周薪200美元(年薪1万美元),一周工作4天。对她来说,这份年薪简直不值一提,出版业也不是能让人赚大钱的地方。但是她看重的是她喜爱这个职业,能够从中享受到工作的乐趣。维京是一家文学性很强的独立出版社,有索尔·贝娄、托马斯·品钦这样的大作家,她喜欢这样的氛围。

考虑到她之前的经历,杰奎琳不可能一开始就做策划编辑或者高级编辑;而考虑到她的声望和年纪,做助理编辑也是大材小用。老板的初衷是希望她能够利用自己的声望签到名牌作家和名人作者,具体的文字编辑工作自然有大把的人来做。而且,将这样一位名人延揽进出版社里,可以扩大维京的知名度,何乐而不为。

1975年9月22日是杰奎琳进社工作的第一天,她的到来引起了一场轰动。当时维京的每一位女员工都进行了精心的打扮,个个都很漂亮。杰奎琳走了进来,她穿着800美元的宽松长裤,还有300美元的衬衫,看起来好像要成为大家关注的目标似的。走道上全是蜂拥而至的人群。不止于此,据汤姆·金兹伯格的回忆,当时还有炸弹的威胁,安全人员和记者们都伪装成了信使。

不管别人怎么想,自进社的第一天起,杰奎琳就把自己定位为一个编辑,而不是出版社的华丽摆设。为了适应这份新工作,她向同事和朋友们积极求教。著名编辑纳恩·塔里斯(Nan A. Talese)先后供职于兰登书屋、西蒙-舒斯特出版社,有十多年的编辑经验。杰奎琳就让朋友安排与她见面,俩人一见如故,不仅谈了有关书籍出版的事情,而且还"讨论了很多关于孩子的话题,以及汲汲营营的纽约生活"。

戴安娜·弗里兰(Diana Vreeland)曾经担任《时尚芭莎》(*Harpers Bazaar*)和《时尚》(*Vogue*)的主编,还在纽约大都会艺术博物馆任职,是美国时尚界的第一夫人。约翰·肯尼迪

1960年就任总统后,她成为杰奎琳的时尚顾问兼首席设计师。杰奎琳利用自己的时尚触觉,为戴安娜·弗里兰出版了《俄罗斯风格》(In the Russian Style)、《巴黎新款服饰》(Inventive Paris Clothes)。阿尔·西尔弗曼曾任每月一书俱乐部董事长和维京出版社的主编。他回忆说:她来到每月一书俱乐部向我们展示一本她在书展上发现的《俄罗斯风格》。作者把这本书卖给维京出版社,不是因为杰奎琳的名人身份,也不是因为她在书展上的魅力,只是因为这本书本身很有吸引力。

此外,杰奎琳还找前芝加哥神父尤金·肯尼迪出版了获奖传记《理查德·J. 戴利的政治生涯》(Himself! The Life and Times of Richard J. Daley)。她鼓励芭芭拉·蔡斯-里布(Barbara Chase-Riboud)撰写她的成名作《莎丽·海明斯》(Sally Hemings),该书描写的是托马斯·杰斐逊总统的奴隶兼情妇。这些成功的案例证明了杰奎琳偏好名人路线的编辑风格。

在维京出版社,杰奎琳低调的风格和对业务的学习给同事们留下了深刻的印象。但总的来说,她在维京的编辑生涯不太成功,当然和她缺乏出版经验、编辑直觉有关。编辑工作是一份沉下心来才能做好的工作,和繁忙的社交生活是相背离的。她需要不断地适应和调节。她提交的大多数选题都没有什么结果,据说她和同事们相处也不是太融洽。后来发生的一件事情让她彻底离开了维京出版社。

1977年,汤姆·金兹伯格准备购买杰弗里·阿彻(Jeffrey Archer)的书稿《想刺杀美国总统的是谁?》(Shall We Tell the President?),故事的场景设置在1984年,是个虚构的故事,那时的总统名叫泰德·肯尼迪，书中还有针对他的暗杀情节。金兹伯格怕敏感的杰奎琳难以接受这样的选题，来和她商量说：如果本社不出这本书，别的出版社也同样会出，而且杰奎琳不用接手这部书稿的编辑工作。

取得杰奎琳的谅解后，维京于同年10月出版了这本书。在星期天的《纽约时报·书评版》中，约翰·伦纳德对这本书进行了辛辣的评论，指责书中有关总统夫人的内容。而金兹伯格申明此书是由杰奎琳购买并出版的，《纽约时报》的评论认为杰奎琳必须对此事负责。第二天也就是星期一，她从维京出版社辞职。

2. 双日出版社大放异彩

但是，杰奎琳并没有就此离开出版业。在以前的大学同学、也是她的白宫社交秘书南希·塔克曼（Nancy Tuckerman）的建议下，杰奎琳加入双日出版社，在接下来的15年里一直与塔克曼共事。一开始，她在老友、出版社总裁约翰·萨金特（John Sargent）的手下担任副编辑（deputy editor），蜗居在一个没有窗户的办公室里。

与维京出版社不同，双日出版社是一家商业性很强的出版社，秉承"商业优先，品位其次"的出版原则。它在出版名人书籍方面比较擅长，比如艾森豪威尔总统、尼克松总统以及其他一些政治名人的传记等，但是对文学性书籍没什么兴趣。刚开始的时候，杰奎琳控制不住对艺术和历史的热情，提出出版这方面的书籍，但她的选题大都遭到了否决。多次碰壁之后，杰奎琳明白：关心当时的流行趋势，抓住商业性强的选题，才是工作的重心。她很快找到了感觉，进入角色，出版了一系列不同类别的书籍：商业性畅销书、茶几书（大开本画册）、高档儿童书籍、舞者回忆录、法国王室历史，等等。杰奎琳是个高产的编辑，每年经她之手出版的书籍大约有10到12本，她的年薪很快升到了5万美元。最后，她被提升为高级编辑，年薪达到了10万美元。

杰奎琳每周上班三天，为了避免那些狂热的"狗仔队"打扰出版社和杰奎琳的正常工作，双日出版社从未公布是哪三天。杰奎琳的心态进一步平和下来。她尽量避免一些不必要的社交场面，事实上她已经不需要再扩大社交圈了。当然，她可以用自己的社交网络拉到她想要的选题。比如，1993年她竭力说服卡米拉写一本关于她与英国王储查尔斯婚外情的书，并为此开价200万美元。

她经常在办公室吃中饭，而不是去四季餐厅等聚集了出版人的餐厅。在日常工作中，她非常注意处理好与同事之间的关系，尽量以平易近人、和蔼可亲的面目出现。同事们评价说："她很不错，是一个使人感到愉快的人。"她也没什么特权。纳恩·塔里斯后来也加入双日出版社做副总裁，办公室就在当时的总裁兼出版人史蒂夫·鲁宾旁边。她说："每个编辑都会排队一个个去史蒂夫办公室见他，杰奎琳也不例外。"

她知道自己名字对出版社的价值，塔里斯回忆说："她有一次告诉我，我是个猎手，当他们需要我的时候我就去打猎。"1988年，埃及小说家纳吉布·马赫福兹（Naguib Mahfouz）获得诺贝尔文学奖，当时双日出版社的经理艾伯特·维塔利就让杰奎琳去联系马赫福兹，本身就热爱埃及文化的她出版了他的《开罗三部曲》(Cairo Trilogy) 的英译本，并且说服约瑟夫·坎贝尔和比尔·莫耶斯在上电视谈话节目时，谈到了其中的《神秘的力量》，大造声势。

杰奎琳逐渐成了一个典型的编辑：参加编辑会议，选题被枪毙，抱怨管理体制，努力去讨好销售人员，和脾气不好的作者打交道。她也会像其他编辑一样，跪在办公室的地板上整理她的书稿清样文件。她出的书有的畅销，有的滞销；她努力在商业追求和自身喜好之间找到某种平衡。

1994年5月19日，杰奎琳因癌症死于睡梦中，享年64岁。她的儿子说："我的母亲离开人世的时候，周围全是她的朋友、她的亲人，还有她的书籍。"杰奎琳生前非常喜欢书籍，她称它们是自己的老朋友，是她通向他人的心灵、思想乃至世界的窗口。绚烂之极，归于平淡。通过这些她编辑的书籍，她向人们展示了除了总统夫人、富翁妻子、社交名流之外的另一种人生。

三、编辑业绩及其评价

1. 编辑业绩可圈可点

在18年间，杰奎琳一共编辑出版了100多种书，其中著名的有包括：比尔·莫耶斯的《身心桃花源》(Healing and the Mind)、迈克尔·杰克逊 (Michael Jackson) 的《太空步》(Moonwalk)、爱德华·拉津斯基 (Edvard Radzinsky) 的《最后的沙皇》(The Last Tsar: The Life and Death of Nicholas II)。

她还出版了歌手卡莉·西蒙所著的一系列儿童读物，后者是她的朋友和玛莎葡萄园岛的邻居，也是著名的西蒙-舒斯特出版社的创始人之一理查德·西蒙的女儿。

杰奎琳同时也被认为为美籍黑人作家在美国文学界立足做出了贡献。她鼓励她的邻居、哈雷姆文艺复兴最后的幸存者多萝西·韦斯特（Dorothy West）完成了《婚礼》（The Wedding）的创作。这本关于种族、阶级、财富和权力的书，在1995年一出版就获得了社会各界的称赞。多萝西在前言中对已逝的杰奎琳的鼓励表示了深深的谢意。1998年，"脱口秀女王"奥普拉·温弗瑞通过一部由著名影星哈利·贝瑞演出的电视电影介绍了此书。

其中最值得一提的迈克尔·杰克逊的自传《太空步》。当时正值杰克逊的专热卖辑《颤栗》推出两年，他的演艺事业如日中天。1984年，她和杰克逊签约出版他的自传，预付款30万美元，代笔者斯蒂芬·戴维斯也获得一笔不菲的收入。以后发生的事充分证明这是个大麻烦，也是本大畅销书。

这本书的签约充分证明了杰奎琳的实力。当时的竞争者很多，斯蒂芬·戴维斯在接受路透社采访时说："杰奎琳是当时美国唯一一位能让杰克逊听电话的人。"接下来，她又为代笔者的选择大伤脑筋，因为找了几个杰克逊都不满意，最后才选定了斯蒂芬·戴维斯。

戴维斯为撰写此书断断续续地对杰克逊采访了18个月，最后写完书稿又花了8个月。这本自传讲述了杰克逊从小到大的所有罕为人知的故事，最大的卖点就是他称小时候曾遭到父亲的殴打。1988 年,《太空步》的精装本一出版就登上了《纽约时报》畅销书排行榜榜首,首印 50 万册很快销售一空,成了每个杰克逊歌迷的必读之书。在 1988 年的美国畅销书榜前十名中,这本书位列第十名,是双日出版社的唯一收获,它比《里根回忆录》的表现还要好。

杰奎琳为此立了大功。她一直催促此书的进度,杰克逊却一拖再拖,最后扬言除非杰奎琳为他的自传作序,不然就停止此书的出版。杰奎琳本不愿意再抛头露面,一直避免自己的名字出现在任何她编辑的书中。最终,由于她十分看重此书,还是破例写了序言,对杰克逊做出了极高的评价:

"我们该如何评价迈克尔·杰克逊呢?他是世界上最著名的艺人之一,是一位不断创新、叫人惊喜的词曲作者。他的舞步像是要对抗地心引力,人们认为他可以与弗雷德·阿斯泰尔和吉恩·凯利相媲美。公众也许并不能完全了解他对演艺事业的投入程度。他终年无休,从不自满,是个不断挑战自己的完美主义者。对于很多人来说,迈克尔·杰克逊是个难以理解的人,但那些与之共事的人却不这么认为。这位天才的艺人是个细腻、敏感、热情、有趣并且充满洞察力的人。迈克尔的《太空步》让大家有机会探求他工作及思考的奥妙。"

然而在此书的再版问题上,杰奎琳和杰克逊意见相左,最后闹得不欢而散。在第一版一销而空之后,迈克尔·杰克逊拒绝再加印精装书,也不打算推出该书的平装版。1992 年,杰克逊干脆收回了此书的版权,从此此书在市场上绝迹,成为后来众多杰克逊迷的遗憾。1989 年,我国的现代出版社也推出了这本书的中文版，是个未经授权的版本。2009年迈克尔·杰克逊意外死亡后，安徽科技出版社获得授权，又再次推出了该书的中文版，以纪念这位伟大的歌星。

2. 编辑理念及其评价

美国编辑大师马克斯维尔·珀金斯是菲茨杰拉德、海明威的编辑，被誉为"天才的编辑"。他曾经说过书籍只属于作者。秉承这种理念，杰奎琳深知编辑要隐藏在作者身后，让作者充分凸显。这是作者写的书，因此只有作者位居前台和中心。

保持低调的杰奎琳曾经非常难得地接受过行业杂志《出版商周刊》的一次采访。她首先告诫记者不录音，不拍照，不提与私人生活有关的问题，否则她不接受采访。在采访中，她极其谦虚地说，她之所以加入出版业，只是出于对书籍的热爱。她说："我喜欢做出版的理由之一是：你从不用推出编辑，你只需要推出书籍及其作者。"

20世纪80年代以后，美国出版业结束了它的黄金时代，开始走下坡路。编辑的地位不断下降，不再那么专心地做书，也没多少时间和他们的作者交流。但是杰奎琳却还是那么传统，表现出了对作家工作的钦佩、好奇和兴趣。滚石唱片公司的特约编辑乔纳森·科特曾经与杰奎琳合作出版过几本关于埃及的书，比如《伊西斯和奥西里斯》(*Isis and Osiris: Rediscovering the Goddess Myth*)等。他表示："与杰奎琳一起工作是件非凡的事情。"

在他人看来，与一个同时为公众人物的编辑一起工作是令人生畏的。但是杰奎琳的态度非常平和，科特很快就放松下来。在杰奎琳的办公室和家中一起工作时，杰奎琳都要在书稿的每一页做标注，并且写下她关于埃及的知识和她所收集的有关埃及文学和历史的书籍。科特说："杰奎琳在文字方面有着令人难以置信的造诣。她在这方面是智慧与热情并存，是个理想的读者和理想的编辑。"

纳恩·塔里斯深深感到杰奎琳在出版方面杰出的才能。她说："我铭记她在肯尼迪总统葬礼上的表现，展示出了她对于美国历史和美国之于世界的象征意义的理解，她的态度非常得体。我们在那个女性地位不是很高的年代成长起来，有些东西很难克服。因此，我想她选择了这个可以运用她头脑的事业。"

四、结语

诚然，与马克斯维尔·珀金斯、萨克斯·康明斯、罗伯特·戈特利布、罗伯特·吉鲁这些编辑大师相比，杰奎琳的从业时间不够长，推出的也不是顶尖作家和文学杰作。但是她在有限的18年里，利用自己的声望以及对事业的热爱，做到了一般编辑做不到的成就。她选择编辑这个职业，加深了人们对这个职业的理解和认知，在某种程度上也凸显了图书出版业对人类文明的伟大贡献。让我们对这个"幕后行业"有信心的是：我们的编辑推出了伟大的作品和作家，还有就是一些大家熟知的名人在我们行业任职。杰奎琳无疑是后者。

参考文献：

1. Celia McGee. Once an Editor, Now the Subject. *New York Times*. 2010 -

12 – 1.

2. Robert McFadden. Death of a First Lady：Jacqueline Kennedy Onassis Dies of Cancer at 64. *New York Times*. 1994 – 5 – 20.

3. Joseph Kanon. Dueling Books on the Editing Career of Jackie O，a Woman of Many Titles. *The Washington Post*. 2010 – 12 – 20.

4. Meryl Gordon. Bookwoman. *New York Times*. 2010 – 12 – 29.

5. 阿尔·西尔弗曼：《黄金时代：美国书业风云录》，叶新等译，机械工业出版社2010年版。

（合作者：黄河飞，原载于《出版科学》2012年第1期）

布拉齐勒出版社：
迈向美国单体出版社的顶峰

阿尔·西尔弗曼在《黄金时代：美国书业风云录》专章点评了美国12家著名的精装书出版社，而能和兰登书屋、西蒙-舒斯特出版社媲美的就有一家硕果仅存的独立出版社，这就是布拉齐勒出版社。西尔弗曼之所以如此看重这家出版社，是因为在其他单体出版社或者上市发展成为出版集团，或者托庇于出版集团之下的同时，布拉齐勒出版社对所谓的规模效应和"协同效应"不以为然，仍然去寻找自己认为的好书，追求它所在乎的多样性，找到了"属于自己的辉煌"。这主要得益于它长期以来拥有一位绝佳的当家人——乔治·布拉齐勒（George Brazilier）。

一、从图书俱乐部起家

与其他著名编辑、出版人相比，乔治·布拉齐勒既没有显赫的家庭背景，也没有像样的名校学历。他因为家境贫寒，上到十年级就辍学了。他的第一份工作是在其连襟开办的一家库存书处理公司当装运员，周薪才15美元。因为要求1美元的加薪，他和他的连襟翻脸，转而创办了自己的图书俱乐部。

受英国传奇出版人维克多·戈兰兹开创了高品位的左岸图书俱乐部启发，布拉齐勒先是创办了翻书客图书俱乐部（Book Find Club），然后是七艺俱乐部（Seven Arts Club），其目的都是为广大会员发现好的文学作品。他很喜欢给他的会员赠书，这是其他保守的大型图书俱乐部，比如每月一书俱乐部、文学会等不会去做的。比如，1948年翻书客俱乐部最引人注目的选书是诺曼·梅勒（Norman Mailer）的《裸者与死者》（The Naked and the Dead），该书大量出现了美国小说界此前从未有过的连篇累牍的四字脏词，简直是惊世骇俗。由于该书"纯粹的真实性"，它为翻书客俱乐部带来了更多的会员。

二、两部书成就出版的梦想

布拉齐勒的图书俱乐部生意经营得非常成功，但是他并不满足。20世纪60年代，由于庞大的家庭债务，也由于他要把更多的心思放在图书出版生意上，他把这两家俱乐部卖给了时代—生活集团（Time-Life），售价是100万美元。这样他就有充裕的资金来做他手头的图书出版生意了。

第二次世界大战结束后的30年间，正是美国图书出版业的黄金时代，路易斯·梅南德称之为"图书为王，文学当道的世界"。他不再满足于在出版社出过的书中挑挑拣拣，想直接和作者及其作品对话，成为一名卓越的出版人。于是，1955年他创办了以他的名字命名的布拉齐勒出版社（George Braziller, Inc.），但是一直没什么起色。现在有了充裕的资金投入，再加上他原本有的独特的选书眼光，布拉齐勒出版社很快找到了自己的"主矿脉"——高品位的文艺作品。

当时的文学出版界主要由兰登书屋、克诺夫出版社等大出版社把持。而文学代理人控制了作者，做的都是大作家的生意，出价很高。像布拉齐勒出版社这样的小出版社要想拿到好书，必须突破这两者的封锁，把眼光放到世界范围内的新兴作家身上。

1958年5月，布拉齐勒去了法国巴黎碰碰运气。此时的法国正处于政权更替的混乱局面，法国军队还陷在阿尔及利亚战争的泥潭之中。这触发了他那根敏感的神经。他听说子夜出版社将出版亨利·阿莱格（Henry Alleg）写的一部自传《问题》（*La Question*），书的主要内容是有关法国军队在阿尔及利亚驻扎期间所经历的恐惧与折磨。作为遭遇过这段经历的当事人之一，阿莱格的写作完全来自于亲身的战场体验。该书出版后不久就在法国被查禁了。布拉齐勒把一本法文版带回纽约，交给编辑理查德·西弗阅读，让他读后谈谈看法。

西弗看完后对老板说："这是一本很精彩的书，一本非常重要的书。但是我不敢想象在美国会有人对这样一本书感兴趣。"他的这位老板生气地回应道："够了！给我写份报告来。"西弗在报告中反复重申他对销量的担心。但乔治仍然看好这本书的未来市场。他让理查德·霍华德将之翻译成英文，并出人意料地劝说让－保罗·萨特（Jean-Paul Sartre）为此书写了序言，加班加点赶出了这本书。该书迅速卖出了一万本，成了一部畅销书。由于《问题》的庞大销量，它也成为该社重印书目中的主打产品。

当越南战争进行到高潮时，布拉齐勒又如法炮制了一回。他听人说起，有一个参与越战的医生根据他的亲身经历写了本小说。有家出版社将他的书稿压了六个月，最后还是退稿了。当天他就拿到了这部名为《365 天》（365 Days）的书稿，并连夜看完了它，马上决定出版。这是当时美国最早出版的有关越战经历的书籍之一，从一开始就大获成功。作为一本布拉齐勒版平装书，它自 1971 年出版以来一直很受欢迎，版权也卖到了欧洲各国。2005 年，乔治出版了全新的《365 天》精装版，以纪念他的出版社成立五十周年。

这两本书显示了布拉齐勒非凡的选书眼光和独特的出书风格。他有实力把他的出版社提升到一个新的台阶。

三、选书的世界眼光

1958 年的巴黎之行为布拉齐勒打开了一个新的窗口，让他发现了众多的新兴小说家。他曾经说道："我知道纽约是世界出版之都，但我不相信它是世界文学之都。因此我开始到欧洲、非洲和澳大利亚寻找作者，来支持我的出版社。我追寻各种各样的作者，他们正在为主观世界的复杂性和客观世界的普适性而奋斗。"

纳萨莉·萨洛特（Nathalie Sarraute）就是其中的一位。她的小说《无名氏画像》（Portrait of a Man Unknown）于 1947 年在法国出版，但在美国却一直找不到买家。这本晦涩难懂的小说写得是一个贪婪的父亲与女儿之间的关系。萨特称它为一部

"反传统小说"。实际上,这本书是一场被称为"新小说"的现代主义运动的开端,作者们旨在挑战叙事小说的传统结构。布拉齐勒在美国推出了该书的英文版,并从此和萨洛特成为最要好的朋友,而她的书一直都由布拉齐勒出版社出版,直至1999年她以99岁高龄去世。

出版萨洛特的书使得布拉齐勒发现了其他重要的法国作家,他们都期待能在美国出书。其中有诺贝尔文学奖得主克劳德·西蒙(Claude Simon)和萨特,还有玛格丽特·杜拉斯(Marguerite Duras)、克劳德·莫里亚克(Claude Mauriac)和伊夫·伯杰(Yves Berger)等。而在法国以外地区,布拉齐勒为之出版过作品的作家还有尼日利亚的布基·埃梅切塔(Buchi Emecheta)、爱尔兰的尼尔·乔丹(Neil Jordan)、澳大利亚的戴维·马洛夫(David Malouf)、珍妮特·弗雷姆(Janet Frame)、土耳其的奥罕·帕慕克(Orhan Pamuk)等。珍妮特最著名的作品是她的感人自传《天使与我同桌》(*An Angel at My Table*),而帕慕克正是2006年的诺贝尔文学奖得主。

由于布拉齐勒对优秀文学作品的孜孜以求,20世纪60年代《纽约时报》评论了他们出版的每一本书,而每月一书俱乐部也经常将这些书作为选书,它的市场地位也得以确立。那是乔治·布拉齐勒的辉煌时代。

四、强调书目多样性

除了国际性的文学作品之外,布拉齐勒出版社的书目涉及各个领域,包括非小说、诗歌、艺术、建筑和设计等。其中艺术类图书和建筑类图书成为书目中两个重要的板块。前者有"美国艺术大师书系"（Great American Artists）、"中世纪艺术丛书"等；后者有"世界建筑大师书系"（Masters of World Architecture）等。

布拉齐勒对艺术不是很了解，但是他对艺术十分感兴趣，愿意而且能把这种巨大的兴趣转化为艺术作品的出版项目。在操作"美国艺术大师书系"时，他非常注意和懂艺术的专家合作。他找到了著名艺术评论家多尔·阿什顿（Dore Ashton）和《艺术新闻》（Art News）的主编汤姆·赫斯（Tom Hess）。他们在帮助布拉齐勒设计该系列的书目起到了非常大的作用。当然，如何出版、投入市场、找到读者就是布拉齐勒的事了。

1964年的某一天，他在阅读《纽约时报》时，看到一篇艺术评论家约翰·卡纳迪的署名文章，高度评价正在摩根图书馆举行的卡特琳娜·德·克莱乌斯（Catherine of Cleves）藏画展。摩根图书馆就在他的办公室附近，因此他就去看看到底有什么值得卡纳迪这样大惊小怪的。

当他走进去时，他一眼就看中了《卡特琳娜·德·克莱乌斯藏画概览》（Hours of Catherine of Cleves），有着157幅插图，显得那么的光彩夺目。他立刻就为之疯狂了，当即决定要出版它。摩根图书馆的前馆长约翰·普卢默（John Plummer）为这本书写了前言和评论。布拉齐勒又将最后的定稿寄去荷兰，那里的印刷厂知道如何印刷一本如此复杂的书。卡纳迪在《时代》杂志上为该书写了书评。到当年圣诞节，这本书就卖掉了两万本，而它在每月一书俱乐部也很受广大会员的欢迎。因此，布拉齐勒又开辟出一块画作出版领域，并发展成为"中世纪艺术丛书"。

此外，布拉齐勒出版社值得一提的就是诗集的出版。因为诗集不挣钱，很少有美国出版商愿意出版。该出版社每周会收到数十本诗集书稿，为了出版高水平的诗集，他必须依仗诗人理查德·霍华德的眼光。霍华德为他带来了当时并不知名的查尔斯·西米克（Charles Simic）。成名后的西米克后来去了别的出版社，并获得了普利策奖和国家图书奖，当选为美国桂冠诗人，极大带动了早期诗集的销量。虽然出版其他诗人的诗集赔了不少钱，但是西米克早期诗集的不断重印可以弥补这一切。另外，能够出版美国著名诗人朗斯顿·休斯（Langston Hughes）的作品，也让乔治·布拉齐勒引以为荣。而让我国读者高兴的是，在 2005 年布拉齐勒出版社成立 50 周年之际，该社还出版了我国著名诗人顾城的作品——《无名的鲜花：顾城诗选》(*Nameless Flowers: Selected Poems of Gu Cheng*)，并称他是中国最好的当代诗人。

结　语

相对于兰登书屋的贝内特·瑟夫、克诺夫出版社的艾尔弗雷德·克诺夫这些功成名就的"稳健派"，布拉齐勒和格罗夫出版社的巴尼·罗塞特一样，属于大胆追求的"激进派"，他们都是美国独立出版社中的佼佼者。但是他和罗塞特不一样，后者喜欢出版《查泰莱夫人的情人》《北回归线》等情色图书，业界人士称之"弄脏了出版界的脸面"。因为经营不善、毫无节制，罗塞特最终使自己的出版社落入他人之手。布拉齐勒既大胆出好书，又不越界出书，而且小心地控制出版成本，谨慎地拓展可供书目。因此他走上了和罗塞特不一样的道路。现在布拉齐勒已经96岁了，出版社也度过了55周年的生日，对他来说，真的是"书使人长寿"。阿尔·西尔弗曼在《黄金时代：美国书业风云录》高度评价了布拉齐勒的出版成就，"对他来说仅仅是单纯地寻找佳作，拥有属于自己的辉煌"。

参考文献：

1. 阿尔·西尔弗曼：《黄金时代：美国书业风云录》，叶新等译，机械工业出版社2010年版。

2. Phong Bui. *George Braziller* [J]. *Brooklyn Rail*. February 2005.

3. Gary Shapiro. *At 90，George Braziller Takes Time To Reflect* [J]. *New York Sun*. March 2，2006.

（原载于《出版广角》2012年第6期）

咖啡印书机：
传统书业的变革者？

伦敦的查令十字街（Charing Cross Road）以"书店街"闻名于世，它的84号更是因为《查令十字街84号》一书，而成为世界爱书人的朝圣之地。而如今，喜欢到此逛书店的人又多了一个理由，那就是在有着130年历史的布莱克维尔书店（Blackwell）的旗舰店里多了一台叫做"咖啡印书机"（Espresso Book Machine，以下简称"EBM"）的新鲜玩意儿，它就像一个大一点的复印机。只要有可下载的电子文本，它就能在数分钟内迅速打印和装订完成一本书。这似乎意味着书店和印刷厂可以合并在一起，运输和仓储变得可有可无了。

在当今传播技术急速发展的时代，有人推崇按需印刷（POD）给书业带来的便利，声称它使"绝版书"（out-of-print）一词不复存在；有人高喊"数字化是出版业的宿命"，断定电子书（e-book）和kindle阅读器才是书业的未来。而咖啡印书机的倡导者贾森·爱泼斯坦（Jason Epstein）则坚信，咖啡印书机才是500年古登堡时代的终结者，它将给书业带来一场空前绝后的革命。果真如此吗？

今年已经整整 80 岁的贾森·爱泼斯坦是出版业的传奇人物,经历了"二战"后美国出版业的黄金时代的他,在兰登书屋(Random House)做过 40 年的编辑总监。要是说用一个词来概括他的 60 年出版生涯,我们认为最恰当的就是"开创性"(Creativity)。他 1952 年策划出版的"安克尔丛书"(Anchor Books)开创了美国平装书的时代;他 1963 年参与创办的《纽约书评》(New York Review of Books),被《老爷》杂志认为是"最好的英语文学界知识分子杂志";他 1982 年创建的《美国文库》(The Library of America),被《新闻周刊》称为"美国历史上最重要的图书出版项目"。他 1989 年 5 月编撰出版的《读者目录》(The Reader's Catalog)使其成为美国在线图书销售的先驱。

贾森·爱泼斯坦获奖无数,他是美国出版界因为对美国语言文学的卓越贡献而获得国家书评奖(National Book Critic's Circle)的第一人,他还获得了美国书评圈(National Books Critics Circle)的终身成就奖(The Lifetime Achievement Award)。美国出版商协会(AAP)将美国出版界的最高荣誉柯蒂斯·本杰明奖(Curtis Benjamin Award)颁发给他,理由是他"创新性的出版编辑方式"(inventing new kinds of publishing and editing),这个评价真是再恰当不过了。

1999 年,贾森·爱泼斯坦在纽约公共图书馆就出版业这个话题做了一系列的演讲,并于 2001 年夏天在《纽约书评》上发表了一篇题为《阅读:数字化的未来》的文章。这些内容都被汇集在《图书业》(Book Business: Publishing Past, Present, and Future, 2002）这本书中。从这本书可以看出，他不仅是一个具有颇多创意的编辑老手，也是一个善于思考的学者。他认为，新技术虽然不会改变永恒的人性，但必将"彻底改变信息传播、阅读小说以及文化的形成方式"。他当时做了极为大胆的预测，那就是：纸书不会被电子阅读器完全取代，书店也不会消失。在尊重作者和出版商版权的前提下，共享数字化内容的读者无论在家中，还是在世界的任何角落，都可以将需要的资料按需打印，因而可以享受到世界上所有的智慧。而实现这一切的是一种完全自动化、低成本的"自动售书机"（The ATM for books），可以被放在书店、咖啡馆、报刊亭、图书馆、旅馆，甚至可以出现在游轮上和机场里。在当初写这本书时，这种新技术还刚刚起步，但是他预言说："它所引领的未来指日可待，我满心欢喜地期待这一天的到来。"

贾森·爱泼斯坦不仅是一个大胆的预言家，也是一个脚踏实地的实践家。创业的激情贯穿了他的编辑出版生涯，而这一回他的最新创意似乎要给出版业带来更大的惊喜。那就是他在书中提到的"自动印书机"。与此同时，一个名叫杰夫·马什（Jeff Marsh）的工程师和发明家，已经制造出了一台雏形的印书机，能影印和装订图书。爱泼斯坦得知这个消息后，就和戴恩·内勒（Dane Neller）一起购买了马什的发明专利权。内勒是纽约顶级美食店 Dean and Deluca 的前总裁和 CEO，之前曾在西蒙-舒斯特出版公司担任经理。2003 年，为了进行商业化运作，他们专门成立了一家"按需印书公司"（On Demand Books，ODB）。贾森担任董事长，内勒负责经营管理，索尔·

西格维尔达森（Thor Sigvaldason）担任首席技术官，马什则担任技术顾问，开始研制和推广更先进的印书机，意图与数码化内容相结合。

ODB公司很快研制出了第一代印书机——按需印书机。2006年4月，第一台测试样机首先安装在美国首都华盛顿的世界银行信息中心，它印刷了几千本世界银行出版物。2006年9月，他们又在埃及亚历山大图书馆安装了第二台测试样机，印刷阿拉伯文文献。在此基础上，他们又研制了更为先进的机型，正式命名为"The Espresso Book Machine"（EBM）。2007年夏天，第一台EBM"1.5型"在纽约公共图书馆的科学、工业和商业分馆展示了90天之久。在一个月内，公众可以免费印刷，以测试机器。所印图书大多是进入公版领域的经典作品，如马克·吐温的《汤姆·索亚历险记》等。这些书的电子文本由开放内容联盟（Open Content Alliance）提供，它是一个有着20万种可供书目的非营利组织。该机器一问世，就获得了满堂喝彩，《时代》杂志评选它为"2007年十大发明"（Best Invention of 2007）。

我们大家都知道，在传统出版业中，图书先从印刷厂送到出版商的仓库，然后在成批运到批发商和零售商那里待售，没卖完的书最终会退回给出版商销毁化浆。而爱泼斯坦则认为，如果大量的电子书目录出现的话，新技术可以简化旧有的实物发行体系，逐渐淘汰许多传统的出版职能，如生产、储存、运输、退货等。而转动不便、庞然大物般的出版集团也就显得多余。将来的出版公司规模更小，更灵活，更敢于面对风险，出版和运营的成本更低。而图书的价格会更便宜，作者的版税和出版商的利润也会增加。而如果这种分散管理的、数字化的蓝图能够尽快实现的话，实际上也就终结了500年的古登堡时代。

爱泼斯坦坚信，自动售书机（book making machine）就是这个分散管理的、数字化的出版前景的重要组成部分。它是一个用于书业的自动柜员机，能接受数码文件，并且自动地印刷、切边和装订读者要求的单本图书。这就完全排除了古登堡时代供应链的那些中间环节：没有库存、没有仓库、没有运输成本、没有损坏的纸张和退货。

目前，这种印书机的样机被安放在全球15个地方，大多是图书馆、书店和大学书店，已经印刷了几千本图书。其中，美国7台，加拿大4台，英国2台，埃及和澳大利亚各1台。爱泼斯坦的目标是服务全球，特别是非洲、亚洲等经济和文化不发达的国家和地区，并且已经启动相关的项目。

2007年9月，其中一台"1.5型"被安装在加拿大Alberta大学的书店。它一天能印出大约100本书，一周工作7天。其中包括出版商拥有版权的定制教科书、教授写的课程材料、绝版书、个人出版的诗集、为小型出版商提供的短期印刷，自费出版的图书、会议公报、用户手册、图书馆珍本书的副本以及图书馆书的替代品等。而这样的模式可以在任何一家美国的4500个和加拿大的200个大学的书店复制，那些规模较小的大学兴许可以共用一台机器。

该机器就是一个放大了的复印机，可以小到放在一个零售书店或小图书室里，它主要针对的是零售和图书馆市场。而从商业上讲，爱泼斯坦相信这种机器是有着良好的应用前景的。在美国有23000个售书处，其中有5700个是传统书店，而只有一半的书店有足量的重印书。在分散的世界数码市场中，这些经销店，包括咖啡店、旅馆、医院、博物馆、机场、游轮、巨型零售商和沃尔玛连锁商店等，将会呈几何数增长。

目前，咖啡印书机的最新款式"EBM 2.0型"已经问世。其基本技术指标如下：

装订：无线胶订

厚度：40—830页

开本：8.5×11、4.5×4.5

纸张格式：A3、A4

文件格式：PDF

印刷价格：1美分/页

体积：3.8英尺×2.7英尺×4.5英尺

自重：800磅

它能在4分钟甚至3分钟之内做出一本320页的、图书馆装订形式的高级平装书，其质量等同与印刷厂的印装水平。客户立等可取，也许就是喝一杯咖啡的时间。

2009年4月，布莱克威尔连锁书店花了17.5万美元买了一台咖啡印书机"2.0型"，放在伦敦查令十字街的旗舰店里。印书的价格在5英镑到12英镑之间，取决于图书的厚度等条件。目前，书店只能印刷公版书（out-of-copyright works）。但它与西蒙-舒斯特、阿谢特等出版巨头的许可合同已经签订，在不久的将来就能印刷有版权的书籍了。

布莱克威尔也宣布他们计划在全英 60 个分店中安装它。其 CEO 安德鲁·哈金斯（Andrew Hutchings）说："这可能会从根本上改变图书的销售，它给予了小型、独立的书商与大型控股书商或亚马逊网站竞争的机会。我愿意把它视作地方书店产业的复兴。如果你能够走进一个地方书店并访问 100 万本图书，那样真的很好，很强大。"

内勒 2007 年曾预测：到 2009 年年底，会有 500 台 EBM 会走向市场，现在看来未免过于乐观。因为毕竟有些根本问题还是没有解决。到如今，技术研发水平已经足够高，技术解决方案也已经基本成熟，书店和图书馆也逐渐认可。但是，要说它能够导致一种大规模推广的商业操作模式，还为时过早。其中的关键问题是：如果书店和图书馆想印刷读者想要的有版权图书，还要取得出版商和作者的认可。而笔者认为更关键的是，它给出版业带来的革命性影响，在于它会改变出版商本身的组织架构和工作流程。而这一点是无论如何不能忽视的。当然，与亚马逊书店力推的 Kindle 和电子书相比，这完全可以控制在出版商的手中。

而如果能在有生之年看到咖啡印书机在美国甚至全球书业大规模应用的话，我们相信，贾森·爱泼斯坦也就死而无憾了。咖啡印书机未来会如何发展，我们将拭目以待。

（合作者：郭人杰，原载于《出版营销》2009 年第 7 期）

西蒙-舒斯特2009年继续发力数字化

2005年以来,兰登书屋、西蒙-舒斯特等美国出版巨头强烈意识到"数字化是我们的宿命"(Digital Is Our Destiny),虽然比起报纸这个难兄难弟来步伐显得迟缓,但与以前相比,它们明显地加快了出版数字化进程。主要原因:一是读者特别是年轻读者对网络的兴趣明显高于图书;二是数字化技术和数字阅读设备日新月异;三是从2008年的财务年报来看,这些出版巨头的收入都在下降。因此近几年来,相对保守的图书出版巨头也在努力适应新的形势,纷纷推出自己的数字化举措。就西蒙-舒斯特公司而言,主要有三方面的举措:一是打造数字化出版团队,整合内外数字出版资源;二是跟上技术更新步伐,力推数字化营销手段;三是创新数字内容收费模式,寻找新的收入来源。

一、打造数字出版团队

2009年2月,为了反映数字出版对传统出版商的日益上升的重要性,西蒙-舒斯特(Simon & Schuster, S&S)已经设置了"首席数字官"(Chief Digital Officer),设置这么高的能进入管理层的职位,这在各大出版巨头之间还是头一次。埃莉诺·赫希霍恩(Elinor Hirschhorn)受命担任此职,还是公司的执行副总裁。她入职之前,是大学体育电视网(College Sports Television Networks,CSTN)负责公司开发和战略的执行副总裁。CSTN和S&S的母公司都是哥伦比亚广播公司(CBS)。因此,无论从职位设置还是人选来看,S&S都非常看重数字出版部在公司架构中的地位。

重建的数字出版部(Simon & Schuster Digital)的职能包括:战略制定和新业务开发、以消费者为中心的数字市场,具体包括交叉性图书出版平台、公司官方网站 SimonSays.com、电子书出版,以及公司正在创建的数字基础设施和发行系统。

4月22日,S&S的总裁兼CEO卡罗琳·丽迪向《出版商周刊》指出,由于电子书的销量增长大于预期,公司出版数字化的步伐大大加快,因此公司指定马克·冈珀茨作为执行副总裁。他原来是公司旗下斯克里布纳书局的出版人,将注重从编辑角度来看待电子出版,探索新的商业模式,解决数字化进程中出现的新问题。冈珀茨将直接向丽迪汇报,并且和赫希霍恩一起工作。这样,在公司的管理层内,就有两位同时负责数字出版的执行副总裁,前者更侧重管理,后者负责经营。

组织架构、职能定位明晰之后,经营团队建设,以及人员招聘、培训、换血工作也就不可避免。目前,赫希霍恩已经为数字出版部组织了一个有着丰富经验的经营团队:

阿德里安·诺曼:负责营销和新产品的副总裁,侧重集团内部沟通。之前，他是迪斯尼－ABC电视集团数字媒体部门的执行总监。

斯蒂夫·摩根：负责基础工程建设的副总裁。之前，他是氧气媒体的首席技术官。

苏·弗莱明：负责内容和节目制作的副总裁和执行总监。

拉德希卡·内亚克：负责产品管理的副总裁和执行总监。

道格·斯坦博：负责商业开发和操作的执行总监，职责是电子书出版，寻找新的收益来源，并且与发行、内容和技术方面的第三方机构发展伙伴关系。他原来在美国在线公司任职。

赫希霍恩说，新的组织架构"将有助于扩大西蒙-舒斯特在数字化领域的表现"。

二、力推数字化营销手段

（一）网络新站点一变为三

2005年9月，西蒙－舒斯特就宣布推出新的网站www.simonsays.com，但没有进行市场细分，针对性不是很强。2009年1月，S&S正式宣布将它的网络站点一变为三，功能各异，针对性更强。新发布网站的建设由数字出版部全权负责。

首先发布的是它的新网站：www.simonandschuster.com。这个完全被重新设计的网站替代旧网站，针对个体消费者增加了一系列新功能，强调多媒体和互动性，并尝试进行病毒式促销。公司旗下150多个作家向该网站投稿原创的独家内容让其发布，并且材料正在日益增加。

该网站新推出的全是对个体访问者来说的热点事物，包括：作者之声（Author Voices）、作者揭秘（Authors Revealed）、人生就8个字（My Life in 8 Words）、作者行踪（Author Appearance Tracking）、Twitter互动、作者博客（Browse Inside）、网内浏览（Improved Book）、新书推介（Improved Book）、作者专页（Author Pages）和网上社区（Community）。该网站批露作家的爱好、观点、兴趣、想法，内容从娱乐到体育到爱好到书籍到当前事件无所不包，希望访问者对作者有360度全方位的了解。目前，Simon Says. com每个月要接待超过40万个特殊用户，已经成为网上书店、实体书商和媒体的资源站点。

同时，S&S也发布了www.simonandschuster.net，这是个为书商、教育者和媒体重新设计的网站，但仍然在开发中。而到2009年年底，S&S将把它所有的国际分公司迁移到新平台，并且也将发布www.simonandschuster.biz，针对的是客户和投资者，致力于B2B的电子商务模式。

（二）建立内部数码制作工作室

对于数字化内容的制作，大多出版公司采取外包形式，主动性不强，也牵涉到商业机密问题。因此，在不排斥外部合作的情况下，S&S开办了一个内部数码制作工作室，力图打造成为公司旗下作者及其图书的原创性多媒体内容的第一手资料。这个工作室将制作高清视频访谈和专题节目，还有音频和照片，可用于公司的网站，用于通过博客、社交网络和其他渠道的病毒式营销目的，并且为公司的零售商和外部市场伙伴提供方便。

（三）加强部门间及内外合作

建立数字出版部门的首要目的是加强各部门之间的合作，以共享出版资源，创新出版流程。因此，听书出版部门与成人图书出版部门、儿童图书部门共同协力，制作了每周发布的SimonSays播客，主要有音频摘要、作者访谈以及原创内容等。

同时，S&S也注重利用外部数字资源。2007年，它与TurnHere合作，发布了名为"bookvideos.tv"的网络频道，这使它成为系统性地使用网络视频作为的图书及其作者的促销手段的出版商。2008年6月24日，S&S和报刊股份有限公司（NewsStandInc.）旗下的数字图书馆公司（LibreDigital）联合宣布，西蒙-舒斯特已经选择了"数字图书馆仓库"来解决其内容的数字发行。采用这个解决方案之后，西蒙-舒斯特的数字仓库将作为所有图书内容的中心资源，支撑的电子商务包括电子书的发行、听书的下载，同时还有为Simon Says.com网站和外部搜索伙伴服务的图书搜索项目，以及其他数字营销活动。

（四）寻找有效的数字发行伙伴

在当今的网络时代，要向读者提供有效的图书信息，挖掘潜在的读者群，就必须紧密结合读者的网络消费习惯。

2008年10月，S&S和全球性的手机内容发行服务商——多用途图形显示系统（MPS）今天宣布了和S&S的内容伙伴关系。作为协议的一部分，S&S的500多种畅销书将通过MPS旗下的全球性手机读者平台（Global Reader）发布信息，其中有销售额突破百万册的《秘密》（*The Secret*）和《星际迷航》

（Star Trek）系列图书。读者如果在网站上激活他们的手机，就可以接收到免费的图书摘要和有关视频。其他一些即将发布的图书还有南希·德鲁（Nancy Drew）的悬疑故事和厄内斯特·海明威的经典著作。

另外，它与 Scribd、Twitter、Myspace 等大型社交网络的合作也不可避免。2009 年 3 月，S&S、兰登书屋和其他几家出版社宣布了和 Scribd 的大规模合作伙伴关系。这是一个很大的市场推广活动，目的是利用这个自称有 5000 万忠诚读者的文化性社交网络的长尾，发行一系列免费的、正在热卖的畅销书的电子版。

三、创新数字内容发行模式

在传统图书收入下降的情况下，对传统图书的数字化营销固然重要，但更重要的是数字化内容的付费发行。它将是新的利润增长点，也是出版商业模式根本性转变的关键所在。目前，美国数字图书的销售增长很快。据《出版商周刊》披露，2008 年，美国各大图书板块的销售额基本上是负增长，整个书业比上年下降了 2.8%。但是电子书的销售额却突破了一亿美元大关，达 11322 万美元，比上年增长 68.40%，令人震惊之余，也让人看到了书业未来发展的希望。而西蒙-舒斯特也宣布其电子书的销量上升了四倍，这固然得益于其一系列的数字内容付费发行措施，比如电子书的制作与销售、听书内容的数字转化和发行、手机等其他方式的付费发行等。

（一）电子书的制作与销售

目前，通过数字出版部（Simon & Schuster Digital）的有效活动，S&S 已经在行业里占据了领先地位。它在注重传统图书出版格式的同时，也同时把图书制作成不同的电子格式，另外就是原有图书再次制作成电子格式。到 2008 年年初已经大约有 4000 种转为电子书。

电子书发行方面，主要是与亚马逊网络书店的合作。据亚马逊 CEO 杰夫·贝佐斯说，通过 Kindle 阅读器发行的电子书已经占其总销量的 6%。2008 年 5 月，S&S 宣布了在 2008 年将发布额外的 5000 种书，专为亚马逊的 Kindle 阅读器所适用。目前，Kindle 发行的电子书仅为 9.99 美元，还属于赔本发行，是为了培育市场强势。这种企图让各大出版巨头心存戒心，因此在注重 Kindle 发行的同时，选择其他的阅读器比如 Sony Reader，自建电子书发行渠道，建立多元化的发行渠道也是情理之中。

另外，S&S 还加入 eMusic 的 mp3 听书书店，后者说它现在每个月可以售将近 13000 种产品。

（二）手持装置付费发行

2008 年 7 月 28 日，在斯克里布纳（Scribner）、S&S 数字出版部、Marvel Entertainment 和 CBS Mobile 的共同努力下，美国"恐怖小说之王"斯蒂芬·金的最新作品"N."高调推出。这是一个原创性的有 25 个片段的录像短篇，专为当今喜欢流行的小屏幕平台读者开发和制作。手机用户和网络冲浪者可以从主要的网上数字内容零售商购买下载。顾客出 0.99 美元就能购买到一组5个片断。如果为整个系列买张季票，价格为3.99美元。到2008年11月13日，"N."已经被网友和手机用户观看超过100万次。斯蒂芬·金本身就是一个勇于创新的老作家，当年的《骑弹飞行》让人印象极其深刻。

2008年9月，S&S的听书出版部发布了数字录像书"V-Book™"，是书的"iPod-ready"的数字视频显示版本。这是畅销书作家和商战专家杰弗里·吉特默的小书系列（Little Book Series™）。它包括"iPod格式"的数字录像和传统DVD，两种版式的纯录像书——附带有纯CD式听书。从音频转到视频，从听到看，这是一个很大的突破。

2009年2月，S&S宣布它的《纵横字谜365》也可应用于iphone和ipod，在Apple App的商店里专门有卖，售价为4.99美元。

我们也要看到，虽然去年电子书的销售额突破了1亿大关，但仅占美国书业销售总额的4.66%，是所有图书板块中最小的。这表明，它还没有成为美国书业的实质性部分。2009年被称为美国的"电子书年"，包括S&S在内的美国各大出版巨头纷纷发力，到年底美国的电子书市场应该会有更优异的表现。

由于西蒙-舒斯特等出版巨头在美国乃至世界出版业的龙头地位，他们的一举一动都起着行业标杆的作用。动作太慢，将不能享受数字化进程带来的"红利"；步伐太快，也将顾此失彼，新旧出版模式不能顺利更替。因此在图书出版数字化进程中，前进中的保守，或者说保守中的创新，保证新旧出版模式的顺利交接，相得益彰，也许是这些"庞然大物"打得最如意的算盘。

（合作者：郭人杰，原载于2009年6月28日《出版商务周报》）

学乐公司探索童书出版新模式

继《哈利·波特》系列图书风靡美国之后,美国首屈一指的儿童出版商学乐出版公司(Scholastic Inc.)又推出了一套全新的儿童神秘读物《39条线索》(*The 39 Clues*)①,成为美国儿童图书出版市场探索的领先者。从目前来看,这个项目在选题策划、作者选择、营销方式等方面都做了大胆的尝试,代表着美国儿童出版发展的新方向。

一、选题构思奇特

全套书主要针对的目标读者群是年龄在8—12岁的青少年,预计出10部,分两年完成。故事主要讲述了一个神秘组织卡希尔(Cahill)家族的故事,其家族谱中包括有诸如富兰克林、亚伯拉罕·林肯、莫扎特、拿破仑等著名的历史人物。而随着其家族大家长葛蕾丝·卡希尔的死亡,她的孙女14岁的艾米(Amy)和孙子11岁的丹(Dan)为了破解家族秘密而展开了寻找39条线索的冒险旅程。整个系列的首部《骨头迷

---

① 截至目前,学乐出版公司推出了该系列的第一季(11本,已完)和第二季(5本,未完)。第一季由浙江人民出版社引进出版了6本。——作者注。

宫》（*The Maze of Bones*）于 2008 年 9 月 9 日出版，由美国著名的畅销书作家雷克·莱尔顿（Rick Riordan）执笔。高登·卡尔曼（Gordon Korman）撰写的第二部《致命音符》（*One False Note*）于 2008 年 12 月 2 日出版；2009 年 3 月 3 日，彼德·勒安吉斯（Peter Lerangis）撰写的第三部《菊花刀客》（*The Sword Thief*）正式上市。2009 年 2 月，学乐公司又推出了第四部，是朱蒂·沃森（Jude Watson）撰写的《古墓奇符》（*Beyond the Grave*）。第 5 部《神秘禁区》（*The Black Circle*）将于 2009 年 8 月 11 日出版，由帕特里克·卡门（Patrick Carman）执笔；第六部《命运深渊》（*In Too Deep*）同样由朱蒂·沃森执笔，预计于 2009 年 11 月 3 日出版。目前已推出的这前 4 部都是由不同的作者写作，最后一部预计于 2010 年 9 月推出。除了故事本身延续了《哈利·波特》系列的奇幻色彩以外，学乐公司在作者的选择和市场营销方面都作了全新的尝试。

二、作者选择出新

传统的出版模式都是以作者为核心，故事的线索设计和情节安排都是作者做主。而这一次学乐公司则是通过故事的发展来安排作者。据学乐公司全媒体出版部执行总监戴维·利维坦（David Levithan）的介绍，几年前学乐公司就在计划出版一套有关寻宝冒险的系列图书，通过编辑部人员的集思广益，故事情节逐渐初现雏形，学乐公司也随之确立了将该系列图书发展为跨媒体项目的发展方向。

根据这个已经初建好的故事框架，学乐公司开始在全球范围内物色合适的作者。畅销书作家雷克·莱尔顿成为学乐公司的首选，他的主要读者群与学乐为《39条线索》所作的读者定位相吻合，因此他对于这个年龄段的读者相当了解。除了其之前作品良好的销售成绩以外，学乐公司更看重他身为历史老师的个人背景，认为他有能力将真实发生的历史事件与神秘冒险故事巧妙地结合起来。除此之外，雷克·莱尔顿还是个游戏迷，很了解游戏玩家的心理，为《39条线索》向游戏领域的开发奠定基础。除了完成了系列图书的第一部《骨头迷宫》之外，雷克还与学乐公司的相关人员一起搭建了其后9部书的完整线索，然后将写作的接力棒交给其他作者，剩下的作者只需要根据已经铺就的线索充实内容完善情节。

其后9部书的选定作者也都是著名的畅销书作家，包括高登·卡尔曼、朱蒂·沃森、帕特里克·卡门等。这一点与哈利·波特系列图书一直以 J. K. 罗琳为唯一作者不同，用不同的作者写作同一系列的书可以最大化的运用这些作者的专业知识，展示他们与众不同的风格与才华，以吸引到更多的读者。而从学乐公司自身来说，这也是一次广泛发掘成功作家的好机会。至于人们担心的多个不同作者参与写作，有可能会导致故事结构松散、缺少关联的问题，完全可以通过雷克与学乐公司先前制定的故事发展的主线索来避免。

三、营销方式多样

除了选择作者，学乐公司此次更大胆的尝试是在该书的营销方面。从一开始，学乐公司就确立了将《39条线索》的全系列实行全媒体出版营销的新路径，探索新的出版方式。学乐公司将图书、在线游戏、卡片收集和有声读物相结合，开创了一种读者参与度极高的互动新体验。为此学乐公司还创办了《39条线索》的专门网站，只要输入 www.the39clues.com 这个网址，并在网上注册，就可以参与其中的在线游戏、卡片收集、收看相关视频、赢取奖金等活动。

每本书都随书附赠有一套 6 张的卡片，读者也可以单独购买卡片包，一包有 16 张，全套书共推出 355 张卡，每张卡上都有一个独一无二的密码，上网输入这些密码就可以知道自己究竟收集到哪几张卡了。集齐全部的 355 张卡，就可以找到 39 条线索。

另外，该网站还同步推出了与故事有关的小游戏，通过这些游戏可以发现一些书中没有提及的线索，玩家也可以借此方式找到全部的 39 条线索。同时，通过游戏，玩家可以获得相应的分数，并参与网站的游戏排名竞争奖金。

学乐公司提供了总计 10 万美元的奖金，读者最多可以通过四种方式竞争奖金，包括收集卡片，完成在线任务，参与单独的故事情节的游戏排名，以及最终全部 39 条线索游戏的总分排名。最终的大奖奖金高达一万美元。目前只有美国、英国、加拿大、印度、马来西亚、新加坡、新西兰、澳大利亚这几个国家的读者和玩家可以参与奖金争夺。

在该网站上，读者还可以观赏到与《39 条线索》有关的视频节目，包括作者和名人朗读部分章节的视频、新书的推介、作者采访等，细心的读者更可以通过部分视频中作者有意的暗示，获得下一步新书的新的卡片密码，进而可以在新书上市之前就发现新线索。

以上的活动大大加强了读者对于《39条线索》的关注度，读者在购买新书的同时还想尽办法积极收集卡片，参与网上互动活动。

除了有如此丰富多彩的读者活动吸引眼球，学乐公司还投入大量精力为《39条线索》宣传造势。首部书的作者雷克·莱尔顿先后在多个书展上为《39条线索》的系列产品展开签售活动，并在美国最著名的早间新闻《今日》节目中出境。同时学乐公司还在全美各大网站、电视台、报纸等媒体刊登广告，到处都充斥着与《39条线索》有关的信息。学乐公司还与美铁公司联手推出了"Ride The Rails"活动，《39条线索》的广告会出现在美铁遍及全国的站点、餐车和列车上。最终的大奖得主还可以获得4次免费搭乘美铁去任何地方的机会。

四、发展势头看好

《39条线索》所代表的是学乐公司在探索新的出版方式上的一次大胆尝试，很多人都将该系列图书视为《哈利·波特》系列的继任者，首部《骨头迷宫》的首印量就高达50万册。在《出版商周刊》的"儿童系列图书排行榜"（CHILDREN'S SERIES AND TIE-INS）上取得了第四名的好成绩（见下表），曾冲上《纽约时报》畅销书排行榜的第一名。其超高人气更是吸引了电影制片人的注意，目前梦工场已经取得了该套书的电影改编权，好莱坞导演斯皮尔伯格很有可能亲自执导。不管它最后是否能超越《哈利·波特》创下的销售奇迹,它对于出版业转变过程中所产生的影响是毋庸置疑的,而学乐公司全媒体出版的发展方向也更加明晰。

表　《骨头迷宫》在《出版商周刊》"儿童系列图书排行榜"上的排名①

日期	名次	分数
2009.5.25	11	5
2009.4.27	7	9
2009.3.23	4	12
2009.2.23	12	4
2008.12.22	5	11
合计		41
平均		8.2

(合作者:武迪,原载于《出版参考》2009年9月上旬刊)

---

① 注:本畅销书排行榜共计15名,第1名给15分,第15名给1分,一个排行榜共计120分,平均8分。

"阿曼达计划"呼之欲出

2008年6月18日,第四故事媒体公司(4th Story Media,以下简称"FSM")宣布和哈珀-柯林斯出版公司(Harper-Collins)合作,推出"阿曼达计划"(The Amanda Project),引起包括《出版商周刊》、《福布斯》和《克莱恩·纽约商业》在内的众多媒体的关注,都认为它和其他出版商推出的类似项目一样,预示着未来童书出版的发展之路。该计划推出到如今将近一年,但是它在Youtube发布的视频短片中对女主角"阿曼达"的介绍充满玄机,有关书籍出版的消息是只言片语,网站还未完成最后的测试。那么,在其神秘的面纱之下,到底隐藏什么样的秘密呢?

一、主要内容

"阿曼达计划"是一个通过多平台发布的互动故事系列,针对的是12岁到14岁的年轻女孩子,读者将通过社交网络和游戏,不仅阅读而且参与和共享故事情节。其中的主人公叫"阿曼达·瓦伦蒂诺"(Amanda Valentino),是一个捉摸不透的、有魅力的、诱人的转学女生。她年中转到Evansville Township 高中后,她给身边的每个人都留下了不可磨灭的记忆。突然有一天,她就消失不见了。因此,她的四个好朋友就去寻找她……

显然,这是一个"罗生门式"(Rashomon-style)的悬疑系列故事,可以充分满足年轻女孩的好奇心。它的目标读者对象是:具有社会意识、数码敏感、连通无限的年轻女孩。她们对数码产品的熟悉程度要远远高于传统产品。

阿曼达计划预计要推出8本书,每本书出自于不同作家之手,从不同的角度描写这个与众不同的学生。该计划非常强调互动性、合作性。除了8本书之外,该计划还包括一个网站,推出游戏、写作、艺术和社交网络,另外还有一系列相关的博客、卫星站点、音乐和衍生产品。最精彩之处在于,阿曼达计划官方网站的网页设计界面极其精致,功能也非常强大。网上的组件注重了女孩们对网络社交的兴趣偏好,允许创造她们自己的内容。读者可以通过一个辅助站点去讨论和构思阿曼达的潜在命运。该系列的出版商哈珀-柯林斯出版公司宣布,读者可以部分参与写作,而且可以出版他们提供的情节。

阿曼达计划希望在传统图书出版之外,探索全媒体出版的新路径,其中有社交网络、在线游戏、虚拟世界,还有用户生成的内容等,注重互动性、鲜活性,试图创造全新的用户体验。当然,传统图书和全媒体出版的紧密配合是这个计划的出发点。

阿曼达计划的推出者是第四故事媒体公司(FSM),其定位既不是实际的创作者,也不是出版商,而是一个整合全媒体资源的图书包装商（book packager）。该公司致力于开发高质量的知识产品，并通过传统媒体和新媒体来发布。它的合作伙伴是大出版商和传媒公司。其负责人是丽莎·霍尔顿（Lisa Holton）。她原本是学乐出版公司（Scholastic Inc.）大众图书部的总裁，2007 年离职。在创建 FSM 之前，霍尔顿沉迷于所有的数码化事物，花了一年的时间"泡在网络游戏研讨会中"。她认为，目前的出版商想拥有和开发全媒体产品，但不知道该如何在公司内部产生，也不懂得在书刊等传统出版物之外构建复杂的数码式附加产品。她认为她创建的这个公司将成为出版商的良好合作伙伴，帮助它们开发"把天赋和技术组合起来的能力"。

该公司目前只有四个人。同丽莎·霍尔顿一起的还有其他三个全职员工：编辑总监吉尔·埃莲·莱利、创意开发和市场经理阿里尔·阿伯格里格和新商业发展总监大卫·斯塔克。虽然随着业务的扩大，该公司不排除招兵买马，但大部分业务还是采用外包形式完成。

该计划不仅是在探讨新的内容生产方式和传播渠道，而且也是在探讨一种新的商业模式。该计划的参与者众多，为其生产内容的是一个包括网站设计公司 Happy Cog、青少年作者、艺术家和美术设计师在内的创意团队。谁将拥有知识产权？这也是一个敏感而亟待解决的难题。就阿曼达计划而言，FSM 将拥有该计划的全部知识产权。作为该计划的投资者之一、FSM 的战略合作伙伴，哈珀-柯林斯出版公司已经购买了这一套系列 8 本作品的出版权。

二、目前进展

自 2008 年 6 月发布"阿曼达计划"之后，FSM 制定了非常严格而能有效实施的时间表，各项措施正有条不紊地进行着。

2009 年 3—4 月，FSM 邀请 200 个 13 岁及以上女孩对阿曼达计划的官方网站做了一次封闭性的贝塔测试。该站点将于 2009 年 6 月正式发布，现在能看到的内容只是一个 YouTube 的视频短片。

目前，哈珀-柯林斯出版公司的网站上已经发布了有关阿曼达计划的第一本书《第一集：消失》(*Book 1：invisible I*)的有关出版消息，计划于 2009 年 9 月 22 日出版发行，同时提供精装书、电子书和未删节听书三种版本格式，价格均为 16.99 美元。作者为斯特拉·伦农（Stella Lennon），但网站上查不到对该书作者的任何介绍（估计用的是假名），也没有展示它的封面。该网站已经开始接受读者的预订。这更增加了该书的神秘性。

三、重大意义

阿曼达计划的推出是美国儿童图书市场激烈竞争的结果。在网络时代出生和成长的一代，很难认识到纸质出版对他们的重大意义。"网络世代"的读者，更关心在线的消费和体验，比他们的父母更加期待图书之外的、通过其他交互式平台发布的精神产品。为了探索童书出版的新途径，走出低迷的市场状态，适应新的读者要求，众多美国儿童图书出版商纷纷推出数码化、无纸化的内容，探索童书全媒体出版的新模式。在纸本之外，图书已经被开发成包含多种交互性元素的产品形式：网络站点、论坛、媒体内容、纸牌，甚至手持终端游戏。

而其中走在最前列的是学乐出版公司，它于2007年正式推出了名为"39条线索"（39 Clues）的系列故事。它是一个预先计划好的图书系列，一套10本，目前已经推出其中的5本。除此之外，它还包括一个围绕纸牌的正在发生的悬念情节、一个在线竞赛和一个发布游戏、视频、精巧背景故事以及其他的深度站点。在这个系列图书的封底出现的广告语是这样说的："看图书、集纸牌、玩游戏、中大奖。"这种组合式的营销策略无疑对青少年读者有着极大的吸引力。但业内人士也仍然认为，全媒体平台的开发固然重要，但图书产品的创意永远是第一位的，它是图书的"灵魂"。

有人也认为"阿曼达计划"有点像"39条线索"的"女孩版"（39 Clues for girls）。作为哈珀柯林斯童书出版部的总裁兼出版人，苏珊·卡茨非常看重"39条线索"产品的市场地位和重大意义。她认为阿曼达计划并不是对其他产品的简单模仿，它和"39条线索"一样，是至今为止最宏大的全媒体儿童系列出版物之一，开创了美国儿童出版发展的未来之路。

（合作者：郭人杰，原载于《出版参考》2009年6月下旬刊）

1959 年美国书业一瞥

1959 年,阿拉斯加和夏威夷正式加入美国,星条旗上加上了第五十颗星。美国人从此陷入越南战争的泥潭,16 年后撤回时已经丢掉近 5 万名官兵的生命。也是在这一年,卡斯特罗领导古巴人建立新政权,从此一直威胁美国的"后院",而苏联的赫鲁晓夫则破天荒地从"前门"访问了美国。第一批芭比娃娃在美国玩具博览会上首次亮相,而 IBM 造出了世界上第一台晶体管计算机。同样是在这一年,一个年轻的肯尼亚黑人来到美国寻求他的"美国梦",结果是:他的儿子、今年 50 岁的奥巴马已贵为美国总统。

当然,对美国图书出版业说,1959 年同样是不寻常的一年。这一年发生的两件事影响深远,最值得一提:一是兰登书屋的上市,一是《查泰莱夫人的情人》的解禁。

在 20 世纪 20 年代美国书业创业的好光景中,不管是兰登书屋,还是西蒙-舒斯特,都是一间房子两个人,一张桌子对面坐,就开办了自己的出版社。而贝内特·瑟夫和唐纳德·克洛普弗这两个合伙人,长期合用一间办公室和一个秘书,被传为书业佳话。他们一开始就拿很低的薪水,多年以后还比一些编辑和发行员低，因为他们宁愿把所有的钱再投入运营，因为他们享受的是"自由做事的乐趣"。但到了50年代末，他们都快60岁，临近退休了，要考虑的问题就不一样了。作为一家私营公司的两个合伙人，他们不知道自己的公司到底值多少钱。从大的方面来说，他们希望他们所定的价值可以影响政府对出版业的正确估价；他们也希望走非常规发展之路，让兰登书屋尽快超越当时美国最大的出版社——双日出版社。从小的方面来说，他们也到了退休的年龄，事业发展的乐趣在逐渐淡化，他们希望给自己的孩子留下足够的非现金遗产，避免过高的遗产税。说到底，这都是人的贪念和自私在作怪。

可是包括他们在内的所有人没想到的是，这是给正处于鼎盛时期的美国书业注入衰退的因子。接下来，他通过并购克诺夫出版社、辛格出版社、潘塞恩出版社等，轻而易举地超过了，最后是收购了双日出版社，这个"家庭作坊"式的文化企业，成了美国最大的出版集团，可是自己也被不懂出版的美国无线电公司、只懂报刊不懂书业的纽豪斯集团先后收购，最后被从印刷厂起家的贝塔斯曼集团收购，贴上了德国人的牌子。而且他们的举动引发了美国书业的并购和合并狂潮，再加上20世纪70年代美国的金融危机加速了这一进程，直接导致了美国出版业的衰落。那些闪闪发光的名字、那些黄金时代的弄潮儿：法勒-斯特劳斯-吉鲁、雅典娜神殿、圣马丁、维京、双日、哈珀、利特尔-布朗、巴兰坦、新美国文库、矮脚鸡等，大多龟缩于大集团的麾下，有的则干脆消失不见了。

1959年10月2日，兰登书屋股票的开盘发行价是每股

11.25美元，第二天就涨到14元，最高时涨到45元。让瑟夫的心脏更受不了的是，他收到了超过100万美元的支票，发财了！可是他应该想到的是，股票市场总是有涨有跌，没有永远的牛市。才过了两年，兰登书屋的股票就跌倒了9元。瑟夫开始不敢白天出门，因为人们会说："那就是没用的瑟夫，他的股票完蛋啦！"到了1965年，兰登的股票又涨到了17元左右。但是股市的动荡也时时威胁着瑟夫的心脏，1971年他不幸猝死。

再看看克诺夫出版社的创办人艾尔弗雷德·克诺夫吧！比瑟夫年长6岁，比他早10年开办出版社，因为早早交班，过起了快乐的退休日子，一直到1986年去世，活了94岁。

再则，瑟夫在自传《我与兰登书屋》中认为自己是"大公小私"，可那些忠心耿耿为他作书的编辑们并不这么想。1958年，贾森·爱泼斯坦因为双日出版社高层不愿接受出版纳博科夫的《洛丽塔》，愤而跳槽到了兰登书屋，为的是这时的它是"一个非常快乐的地方"，百来人的员工通讯录印在一张明信片大小的纸上。办公室不仅属于编辑，也是作者的第二个家，那些任性的作者不用通报就可以见到编辑，可以晚上在办公室随意留宿。编辑们也不用经常开会，只是相互交换新闻和八卦。两位老板对编辑们总是那么尊敬，总是愿意放手让他们干，是因为编辑会帮助他们照顾好那些能下好蛋的母鸡。为了引进罗伯特·卢米斯，他们可以借钱给他买房子。而还钱的"卢米斯方式"就是连续50年对兰登书屋的创造力和贡献。因为瑟夫的大力感召，爱泼斯坦在此开办了"佳酿"书系，与纳博科夫、菲利普·罗斯、诺曼·梅勒、E. L. 多克托罗、戈尔·维达尔这些大牌作者打交道，一直做到了编辑总监。他喜欢这里的文化氛围：亲密、轻松、自由、随意。但是 1959 年兰登书屋的上市，使得他的好梦变成了噩梦。他开始意识到：那种梦幻般的乐趣会越来越少了。

作为整个事情的始作俑者，瑟夫"再也感受不到自由做事的快乐了""股票只要一下跌，他就痛苦地咬着白亚麻手帕的一角"。他常常去卢米斯的办公室，问他是否还快乐。实际上，他不仅毁了自己的快乐，也毁了编辑们的快乐，还有美国书业的快乐。

如果说兰登书屋的上市谈论的是出版的"形式"，《查泰莱夫人的情人》的出版与解禁关乎的就是出版的"内容"了。

当年 30 多岁的贝内特·瑟夫为了《尤利西斯》在美国的解禁，挑战图书审查制度，至今为人们津津乐道。1959 年临近退休的他功成名就，考虑的是如何使自己、家人、合伙人活得更好。再做这样的事情，真的是有力无心，犯不着去冒这种大险了。但是，替他扛起美国出版业大旗的是同样 30 多岁的巴尼·罗塞特。

实际上，罗塞特并不喜欢也不了解从英国舶来的《查泰莱夫人的情人》，他钟爱的是美国作家亨利·米勒的《北回归线》。米勒 1934 年在法国写完《北回归线》后，在美国等多个国家被查禁。上大学的那一年，罗塞特在一个地下文学社里找到一本未删节的《北回归线》，完全迷恋上了它，并作为新生英语论文的主题。结果他的教授没看上，给了个"B⁻"。加上别的原因，他一气之下辍学了。

罗塞特认为，与《北回归线》相比，D. H. 劳伦斯在书中表达的是"阶级意识"，有关"紧张激烈的性事"的描写并不令人心驰神往。只是劳伦斯在文学界的名气比较大，将来打起官司来，在法庭上更容易呈现其"文学"的一面。如果打赢《查泰莱夫人的情人》的解禁官司，再打《北回归线》的官司就好办了。

1928年年初书稿完成之后，劳伦斯因为之前《虹》的被禁，一直为书稿的修订和出版为奔忙。他曾想把书名改为《款款柔情》(Tenderness)，向大家表明该书的立论是"站在真正合乎道德和宗教的立场上的"，出版商奥瑞欧里只印了1000册限量版，无非是想低调一些，但是《约翰牛》杂志刊文仍然认为它"这种邪恶思想感情最充分的流露，玷污并亵渎了我国的文学"。第二年1月，英国警察当局因有伤风化查封了此书。而美国当时则没有出版商敢碰这本书，因此盗版横行，要么人们从欧洲偷偷带回来。后来，虽然克诺夫出版社在美国出版了此书，但是是删节版。

当年，瑟夫之于《尤利西斯》，是先取得作者詹姆斯·乔伊斯授权，再选定律师和法官，设法让该书被海关没收，通过判决解禁，然后出版。罗塞特的做法还是有所不同。

劳伦斯的遗孀弗丽达·劳伦斯-拉瓦格利就住在新墨西哥州的陶斯。他本来想首先取得弗丽达的授权，可是弗丽达还未来得及授权就去世了，劳伦斯的英国代理人又拒绝授权。巴尼下定决心自己出这本书。

十分凑巧的是，加州大学伯克利分校的文学教授马克·肖勒是研究劳伦斯的权威，1954年给罗塞特写信要求出版此书的未删节版。罗赛特有意识地在自己主办的《常青评论》创刊号上发表肖勒的《谈〈查泰莱夫人的情人〉》一文，希望引来足够的评论材料。随后，他就在美国出版了《查泰莱夫人的情人》，立即成了一本畅销书，是那年美国文学畅销书榜的第五名。可是这还不够，罗塞特千方百计想通过合适的方式成为被告。这个合适的方式就是通过邮局把这本书寄出去，这样一来它会被邮局扣押。邮局就会援引猥亵法令控告格罗夫出版社。那么他就有可能去挑战美国政府的权威。

本案的审理定于1959年5月14日进行，整整持续了一天。而为格罗夫打官司的就是著名律师查尔斯·兰巴尔。兰巴尔自身也喜欢这样的挑战，试图去推翻猥亵法令，让作者和出版商在美国广大读者中享有最广泛的声誉。兰巴尔向美国邮政部长清楚地表明："引起性趣并不至于猥亵。"在法庭上，罗塞特阐述了该书的出版动机："本人认为《查泰莱夫人的情人》是一部伟大的著作，也是所有说英语的人们的一份重要精神财富。作为一个在自由市场上的出版人，本人也在寻求因出版好书而带来的刺激和挑战，还有可能营利的机会。"

著名文学评论家马尔科姆·考利也到庭作证，认为"劳伦斯在书中试图倡导婚姻中的性满足。这就是性描写贯穿全书的目的"。书中使用的所谓四字脏词，"对劳伦斯来说这种使用是必需的，而对于其他作家来说可能就不是必需的了；他的目的在于从性行为中剔除滥交，同时揭示出激情与爱意。你知道，这本书最初的名字是《款款柔情》"。

无视于包括考利在内的许多名人为此辩护，邮政局长仍然下令该书不能通过邮政系统发行。兰巴尔立刻提起上诉并且要求联邦法院受理此案。随着格罗夫出版社赢了这回又输了下回，上诉来来回回折腾了好几次。但是到1960年3月6日，案子最终有了了结。上诉法院准许出版《查泰莱夫人的情人》。

此时的格罗夫出版社赚的已是盆满钵满。此案的审理不仅为《查泰莱夫人的情人》在英国等其他国家的解禁扫清了道路，而且为格罗夫解禁《北回归线》以及其他类似图书积累了有益的经验。

当然，美国书业的"元老们"对此很不以为然。他们认为罗塞特"弄脏了书业的脸面"。1969年，《生活》杂志发表了一篇传记文章，称罗塞特为"贩卖脏货的老东西"。确实的，此后美国的许多出版社把出版此类书籍作为生财之道，有过之而无不及，当然也使得美国人的道德底线一再被突破。这也成为美国书业在80年代迅速衰落的原因之一。

（原载于《粤海风》2012年第2期）

1999—2006年美国虚构类畅销书榜统计分析

美国虚构类精装畅销书榜说明：本统计的数据来源是美国《出版商周刊》的精装书虚构类（hardcover fiction，包括小说和故事，部分等同于我国的文学类图书）排行榜，时间跨度为1999年到2006年，因1999年缺1周，截止到2006年10月底，共计397周，每周取前15名，总计5955次。我们按名次对畅销书赋值，第1名给15分，依次类推，第15名给1分。总得分为47640分，平均值为8分。按得分多少，笔者分别统计出了畅销书、畅销书作家和出版公司的前十名榜单。在总评的同时，笔者对它们分别进行了点评。希望通过这样的统计分析，使国内对美国虚构类畅销书的创作、出版情况有大概的了解，对相关出版社的版权引进和图书推介工作也有较高的参考价值。

一、总评

美国的图书市场早就进入畅销书时代，就其集中度和作用而言，尤以虚构类图书为甚。为了使运营利润最大化，为了使其财务报表取悦于广大股东,各大出版公司不断推出更多的畅销书,以争取更大的市场份额。近8年来,悬疑、惊悚、犯罪、侦探、浪漫等小说类型轮流坐庄,引领美国大众的浅层次阅读,充分反映了其大众文化消费的快餐化特征;五大出版公司依然呼风唤雨,牢牢占据了畅销书排行榜80%以上的份额,小出版公司只能见缝插针,苟延残喘。畅销书榜首的争夺日趋激烈,使得每本书在榜首位置上待的时间越来越短,"皇帝轮流做,今年到我家",仿佛从绵延几百年的唐朝进入短暂纷乱的五代十国时期。就畅销书作家而言,既有詹姆斯·帕特森、约翰·格里沙姆这样的畅销书榜"常青树",靠耐力取胜;也有丹·布朗这样不鸣则已、一鸣惊人的"暴发户",仅有《达·芬奇密码》就够了,功力各有千秋。

五大公司一统天下

据统计,8年来共有68个出版公司出版的图书上榜,按出版集团划分,可归并到31个出版公司。其前5名是兰登书屋、企鹅集团美国分公司、阿歇特图书集团美国出版公司、西蒙-舒斯特公司、哈珀-柯林斯公司,充分体现了"二八定律"。其具体情况如下表:

排名	出版社	得分	次数	每次得分
1	兰登书屋	15988	1968	8.12
2	企鹅集团美国分公司	9240	1192	7.75

（续表）

排名	出版社	得分	次数	每次得分
3	阿歇特图书集团美国分公司	7993	826	9.68
4	西蒙—舒斯特公司	4663	634	7.35
5	哈珀—柯林斯公司	2485	392	6.34
合　计		40369	5012	8.05

这五大出版公司的总得分为 40369 分，占总分的 84.73%；总次数为 5012 次，占总数的 84.16%；每次得分 8.05 分，超过平均值 0.63%。

榜首之争日趋激烈

美国出版界的畅销书机制已经非常成熟，对畅销书的研究也已十分到位。一家名叫 lulu.com 的按需出版公司网站做了一个研究，对《纽约时报》畅销书排行榜进行统计。研究结果表现，从 20 世纪 60 年代以来，位居榜首的畅销书种数在不断上升，而榜首停留时间却越来越短（见下表）。

年代	榜首停留周数	榜首停留种数
1960—1969	21.7	2.8
1970—1979	13.9	4.4
1980—1989	7.2	7.6
1990—1999	5.5	10
2000—2005	3	18.2

从上表可以看出，在 20 世纪 60 年代，每本上榜畅销书在

榜首停留的时间是 21.7 周，在榜首停留的图书种数只有 2.8 种。而经过几十年榜首位置的激烈争夺，进入新世纪以后，2000—2005 年每本上榜畅销书在榜首停留的时间只有 3 周，不到原来的七分之一；在榜首停留的图书种数已经上升到 18.2 种，是原来的 6 倍多。

而这种每本上榜畅销书在榜首停留的时间逐年下降的趋势也在我们的统计中得到了部分验证。1999—2002 年这四年，榜首畅销书的种数从 16 种上升到了 24 本，增长了 50%；而其停留的时间从 3.06 周下降到了 2.13 周，减少了 30.39%（见下表）。

年份	周数	种数	平均值	居榜首最多的图书	作者	次数
1999	49	16	3.06	《汉尼拔》	托马斯·哈里斯	8
2000	50	21	2.38	《兄弟》	约翰·格里沙姆	8
2001	52	23	2.30	《逃离圣诞节》	约翰·格里沙姆	6
2002	51	24	2.13	《可爱的骨头》	艾丽斯·西伯德	6
2003	50	14	3.57	《达·芬奇密码》	丹·布朗	24
2004	51	14	3.64	《达·芬奇密码》	丹·布朗	31
2005	51	22	2.32	《达·芬奇密码》	丹·布朗	5
				《掮客》	约翰·格里沙姆	5
				《救生员》	詹姆斯·帕特森	5
				《蜜月》	詹姆斯·帕特森	5
2006	43	20	2.15	《达·芬奇密码》	丹·布朗	6
合计	397	61	6.51			

但从 2003 年起，这种趋势似乎又因超级畅销书《达·芬

奇密码》的出现发生了变化。它一上榜就排在榜首24周，到第二年更是达到31周，其他畅销书根本无法与它抗衡。许多畅销书也因此被剥夺了争夺榜首的机会。到2005年，詹姆斯·帕特森、约翰·格里沙姆等作家才算扬眉吐气，畅销书榜又恢复到群雄割据的局面。但《达·芬奇密码》在2006年又得了6次第一名才下榜，延续了最后的辉煌。而每本上榜畅销书在榜首停留的时间从2004年又表现出逐年下降的局面，从3.64降到了2006年的2.15，下降了40.93%。

"常青树"与"暴发户"之争

在总共397周中，有61个作家的144种书冲上过榜首位置。而丹·布朗、詹姆斯·帕特森、约翰·格里沙姆、帕特里夏·康威尔和斯蒂芬·金五位作家有44种书187次获此荣耀，几乎占了总数的一半（47.10%）。具体情况见下表：

名次	作家名称	榜首次数	种数	平均值
1	丹·布朗	66	1	66
2	詹姆斯·帕特森	49	18	2.72
3	约翰·格里沙姆	38	9	4.22
4	帕特里夏·康威尔	18	8	2.25
5	斯蒂芬·金	16	8	2
合计		187	44	4.25

最大的光荣仍然属于"暴发户"丹·布朗，光《达·芬奇密码》1本书就得了66次榜首荣誉，但《所罗门钥匙》出版

日期的一拖再拖,让人怀疑他是否已是江郎才尽。詹姆斯·帕特森、约翰·格里沙姆这两棵"常青树"则是以量多取胜,几十年来一直保持旺盛的创作能力实属不易。虽然前者比后者多了8次榜首记录,但从平均榜首次数来看,后者又超过前者不少。这"三剑客"将其他畅销书作家远远甩在了后面,不免让他们有生不逢时之叹。

由于美国商业化气息浓厚,生活节奏加快,美国大众的轻阅读倾向日趋严重。而美国畅销小说早就因此进入类型出版时代。从畅销小说的类型来看,众多畅销书作家总是在悬疑悬念、推理探案、律师犯罪、恐怖惊悚、爱情亲情这几大类型中来回打转,充分体现了美国大众文化的快餐化特征。每年得分前三名的作家情况见下表:

年份	第一名	得分（种）	第二名	得分（种）	第三名	得分（种数）
1999	斯蒂芬·金	369(4)	约翰·格里沙姆	333(1)	丹妮尔·斯蒂尔	259(4)
2000	约翰·格里沙姆	340(1)	丹妮尔·斯蒂尔	255(4)	詹姆斯·帕特森	191(3)
2001	詹姆斯·帕特森	408(4)	约翰·格里沙姆	332(2)	斯蒂芬·金	248(2)
2002	约翰·格里沙姆	392(2)	詹姆斯·帕特森	369(4)	艾玛·麦罗琳等	356(1)
2003	丹·布朗	551(1)	艾丽斯·西伯德	430(1)	约翰·格里沙姆	423(3)
2004	丹·布朗	1080(2)	米奇·艾尔邦	650(1)	詹姆斯·帕特森	296(4)
2005	丹·布朗	680(1)	詹姆斯·帕特森	472(5)	尼古拉·斯派克斯	275(2)
2006	詹姆斯·帕特森	478(4)	丹·布朗	236(1)	斯蒂芬·金	115(1)
合计		4298(19)		3077(19)		2163(20)

从上表可以看出,詹姆斯·帕特森有6次进入前3名,约翰·格里沙姆有5次,丹·布朗4次,斯蒂芬·金3次,丹尼

尔·斯蒂尔 2 次，艾丽斯·西波德、米奇·艾尔邦、艾玛·麦罗琳、尼古拉·斯派克斯各 1 次。在出版公司和文学代理人的操纵指挥下，在高额版税的引诱下，这些作家大多追求怪诞离奇的故事、引人入胜的情节，运用各畅销元素炮制所谓的畅销小说，以迎合大众浅层次的图书消费和市场需求，为出版公司和作家自身带来了滚滚利润和收入，也成就了美国一百多年历史的畅销书机制。但畅销书的数量越来越多，生命周期越来越短，成本越来越高，利润越来越稀薄，成为美国大众图书市场的一个怪圈。

借用丹·布朗的一部小说的名字来形容是再恰当不过了：对美国出版业来说，畅销书到底是"天使"还是"魔鬼"。

二、美国十大超级畅销书

总榜评：据统计，1999 年到 2006 年这 8 年间按照总得分排名，得到前十名畅销书。10 本书中共有 7 位作者，约翰·格里沙姆 1 人就有 3 本书上榜，分别位居五到七位，可谓是美国律师小说的常青树；丹·布朗的《达·芬奇密码》可谓是异军突起，成为全球阅读率最高的书，他的另一本书《天使与魔鬼》也取得了不错的成绩。《达·芬奇密码》在榜的平均得分约为 13 分，占总榜的第三位。除了《天使与魔鬼》每次 7.15 分的得分平均使其在中游徘徊外，其他书都上了 10 分，说明其在总榜表现都是进入前五六名的。这些书也分别由 7 家出版公司出版，其中双日占据 4 席，而其母公司兰登书屋共占了 6 席（具体情况见下表）。

名次	书名	作者	出版社	榜首次数	上榜次数	得分	均值
1	《达·芬奇密码》	丹·布朗	双日	66	163	2114	12.97
2	《你天堂里遇见的五个人》	米奇·艾尔邦	亥伯龙	9	95	1066	11.22
3	《可爱的骨头》	艾丽斯·西伯德	利特尔—布朗	14	65	775	11.92
4	《保姆日记》	艾玛·麦罗琳等	圣马丁	1	32	356	11.13
5	《兄弟》	约翰·格里沙姆	双日	7	30	340	11.33
6	《遗嘱》	约翰·格里沙姆	双日	7	30	333	11.1
7	《逃离圣诞节》	约翰·格里沙姆	双日	9	31	311	10.03
8	《纠错》	弗伦岑·乔纳森	FSG	2	29	301	10.38
9	《天使与魔鬼》	丹·布朗	阿特里亚	0	41	293	7.15
10	《四法则》	伊恩·卡德威尔	达尔	0	23	256	11.13
	合 计			115	539	6145	11.40

第一名：《达·芬奇密码》

1. 榜上表现

《达·芬奇密码》（*The Da Vinci Code*）从2003年问世一直到2006年6月，连续上榜163周，66次位居榜首，取得了骄人的成绩。自从在双日出版公司出版以来，它荣登过全美所有主要排行榜比如《纽约时报》《华尔街杂志》《出版商周刊》《旧金山年鉴》等报刊畅销书榜的榜首。据统计，本书的总得分为2114分，居十大畅销书之首，是全球阅读率最高的图书。

2. 类型

悬疑小说

3. 基本内容

作者丹·布朗突破了传统悬疑小说的基本模式，文字流畅，语言中充满了睿智。作者以其自身的知识作为先决条件，密码学、数学、宗教、文化、艺术等诸多方面的知识在书中展露得淋漓尽致。经过完备的调查分析，安排了跌宕起伏的情节。在书中，作者向人们展示了令人震惊的古老真相。哈佛大学的符号学专家罗伯特·兰登在法国巴黎出差期间，得知卢浮宫博物馆年迈的馆长被人杀害于馆里，死前他将自己摆成了达·芬奇名作《维特鲁威人》中的姿势，并在尸体旁留下了难以捉摸的密码符号。兰登与法国一位颇有天分的密码破译专家索菲·奈芙（即馆长的孙女），在整理这些怪异的密码的过程中，发现一连串的线索就隐藏在达·芬奇的艺术作品当中，然而却被画家巧妙地隐藏起来。兰登无意之中非常震惊地发现，已故的博物馆馆长是郇山隐修会的成员。这个秘密组织的成员包括艾萨克·牛顿爵士、波提切利、维克多·雨果与达·芬奇等，这无疑给他们的调查增加了风险。他们以顽强的毅力继续寻找这惊天的秘密，兰登和奈芙一直与一位始终不露面的神秘人物斗智斗勇。为让这个湮没于历史中的密码揭露于世，两位主人公竭尽全力思索探寻，最终让密码"石破天惊"。书中的文字带有了浓郁的黑色幽默风味，情节惊险，智力解密掺杂其中，耐人寻味。

4. 评价

　　一个富有创造力和激情的新人,一个让人脉搏加快、头脑迅速转动的冒险故事。

——《人物》

　　非常的聪明!即让人着迷又十分有趣,拥有相当大的成就!

——《华盛顿邮报》

　　一次对地狱的审读,一个交织着谋杀和神秘的故事。

——《纽约时报》

5. 影视改编和国外授权

《达·芬奇密码》引来了好莱坞的高度关注。黄金搭档制片人布赖恩·格拉泽和朗·霍华德联合哥伦比亚电影公司买下《达·芬奇密码》的电影改编权,由朗·霍华德执导、汤姆·汉克斯和奥黛丽·塔图主演。这部电影也创下全美票房的新高,在世界各地上映也得到了一致的好评。

在纽约时报的网站上推荐《达·芬奇密码》一书的专业书评家高达数十人。作者丹·布朗为此一举成名。该书的中文版权被上海人民出版社下属世纪文景公司以极低的价格购入,这对于时下动辄数万甚至数十万美元的国外畅销书版税签约金来说,是不可思议的。原来早在《达·芬奇密码》在美国上市时就被上海人民出版社看中。

第二名:《你在天堂里遇见的五个人》

1. 榜上表现

《你在天堂里遇见的五个人》(*The Five People You Meet in Heaven*),是由米奇·艾尔邦创作的,在亥伯龙出版公司出版发行,是纽约时报最佳畅销书的第一名。8 年间,该书连续 95 周上榜,9 次位居榜首,总得分高达 1066 分。

2. 类型

魔幻小说

3. 基本内容

这本书描述的是发生在艾迪身上的真实故事,一开始我们的主人公艾迪就意外死亡。他是一个 83 岁的瘸腿游乐场维护员,在一次事故中他为了救一位小女孩去世。在他触到女孩的手之后,就一片黑暗了。在游乐场工作终身、自认为一辈子碌碌无为的他来到天堂,这里会有他生命中的五个人给他上最后一课,五个人中有三个他根本就素未谋面,在现实世界中却无意中给了他们伤害或被伤害。受"蝴蝶效应"影响的蓝人为躲避艾迪,遭车祸身亡;艾迪参军时的队长,让他明白一些东西的丧失与生命的存在相比,简直微不足道;游乐场创始人的妻子向艾迪讲述他父亲死亡的原因,使艾迪宽恕了平日里只会用暴力的父亲;艾迪见到了他深爱的妻子,妻子的深情让他明白了,他们的爱一直都存在,并没有因为死亡而消失;艾迪最后见到一个女孩，那是在草屋中被他烧死的影子，艾迪也是因为救这个女孩被缆车砸死，她知道艾迪已经用他的一生在偿还自己的罪，他拥有完满又有意义的一生。他们在天堂里分别带艾迪重新找回了失去的岁月，重新认识人间，为艾迪释怀过往的心结，洗刷了他心灵的责难，解除了他心中的困惑，带他真正的走入天堂。这是一部关于人性与爱的故事，让人们重拾人间的温暖和真爱，引领一条真正的"天堂之路"。

4. 评价

结局即是开始，在那时我们并没有意识到！

——《纽约时报》

5. 影视改编和国外授权

根据此书改编的电影，同样讨论人生的生死问题，死亡却从结局演变成了开端。艾迪亲身的濒死体验和在天堂中心灵释怀的过程，为这本书和这部电影的成功提供了最好基础。它由劳埃德·克莱默执导，由乔恩·沃伊特、艾伦·波士汀、杰夫·丹尼尔斯主演。

第三名：《可爱的骨头》

1. 榜上表现

由艾丽斯·西伯德所著的《可爱的骨头》（*The Lovely Bones*）在利特尔－布朗公司出版。它曾被评为"美国 2002 年度最佳小说"，2002 年出版后立即登上《纽约时报》畅销书排行榜,并高居榜首近30个星期,4个月销售150余万册。两年后又获得了"英国年度好书大奖",并在法国《读书》杂志评出的"2003年度二十本最佳图书"中位居第二。艾丽斯·西伯德像是美国文坛偶然的收获,美国媒体称赞她为"最具潜力作家"。《可爱的骨头》上榜65周,总得分为775分。《纽约时报》评价艾丽斯·西伯德的作品"富含幽默、智慧、希望以及一种神秘的魅力"。

2. 类型

悬疑小说

3. 基本内容

这本书主要讲述的是14岁女孩苏茜被强奸杀害后,她的灵魂来到天堂以后俯视人间,看到她的母亲对她的死悲痛不已;父亲殴打她的女友克拉莉莎,认为她与女儿的死有关;真正的凶手邻居恶少哈维仍逍遥法外,苏茜在天堂观察他的行踪。她还不忘自己的好友露丝和弟弟,灵魂时常在他们的面前出现。露丝也无法忘怀她们之间的友情,立志长大以后要当罪案审判的见证人。该书叙事手法创新。"1973年12月6日,我被谋害时不过14岁"。这是全书的第一句话,但都是灰暗阴冷的氛围下一出人间的悲剧,在悬疑里充盈着温馨,给人以希望的曙光,这是心灵空间的释放,同时也是心灵的成长与康复。故事的结尾也是主人公苏茜用温暖的口吻向她爱的人和爱她的人告别。作者也点明了"一个家庭犹如人的周身骨骼,即使有一块破损了,缺失了,但骨架终会长全",从灾难与毁灭到人性的美好,鼓舞了人们的力量,给人以生的希望。从这一角度讲，也是该书在西方乃至引进以后一直畅销的原因。

4. 评价

　　该书却被公认为是一本充满对人间众生了解与怜悯的心灵疗愈小说。

——《北京晚报》

5. 影视改编和国外授权

由此书改编的电影亦将由《指环王》的导演彼特·杰克逊执导，将于 2007 年隆重上映。由于《可爱的骨头》在国外的畅销，作家出版社已经引进该书的中文版权，在中国市场上同样得到了青睐。

第四名：《保姆日记》

1. 榜上表现

《保姆日记》(*The Nanny Diaries*) 的作者是艾玛·麦罗琳和尼古拉·克劳斯，由圣马丁出版公司出版。她们是纽约大学的学生，根据自己做保姆的实际经历合作写成了这本书。被认为是"全美最具时尚色彩的讽刺小说"。初版 25000 本一售而空，突破重围挤进《纽约时报》畅销书榜和亚马逊北美畅销书榜，成为双料冠军，自出版以来排名始终居高不下。据统计，它连续 32 周上榜，总得分为 356 分。

2. 类型

讽刺小说

3. 基本内容

本书主要描述的是，小说主人公南妮为了从纽约大学教育系毕业和支付她的房租，来到了曼哈顿上东区的 X 太太家做了保姆，负责照顾其四岁的儿子。南妮的任务是确保从不下厨、不打扫和不带孩子的女主人过上舒适的每一天。她很快就领教到这份活的艰难。X 太太只知道消费和做无聊的事情，而她的丈夫也只知道挣钱，对他们的孩子缺少关爱。后来 X 太太的丈夫在外面有了情人，这场家庭纠纷击破了所谓上层体面人的高品位生活假象。南妮因此而发现，在她为 X 家服务的任期内，她根本无法保持他们四岁小孩的身心健康，保持自己的正直品质，就连她自己的幽默感也丧失了。在这个家庭九个月的紧张气氛下，入木三分地表现出权力和利益之争。现代雇佣关系的极限在此经受了严峻的考验。保姆南妮也目睹了主人婚姻濒临破灭的全过程。整本书文笔幽默诙谐，带有时尚色彩和辛辣的韵味，以调侃的笔触，深刻地揭示了上层社会鲜为人知的内幕。极具讽刺性地反映了社会风气污浊、消费主义横行的氛围，戳破了所谓体面人的华丽伪装，直逼现实。同时，两位作者为最大限度地满足一般阶层对美国富人家庭内幕的"窥视欲"，对美国上流社会的无聊生活进行了无情的讥讽，暴露了体面人的种种丑态。

4. 评价

评论家认为"拨开了曼哈顿上流阶层的迷雾"。有评论认为"这本小说的锋利之处，是既能让你产生和那些所谓的'上流家庭'面对面的感觉，又让你发现那种生活其实是多么的不堪一击"。

5. 影视改编和国外授权

圣马丁出版公司的编辑苏利文说,该书的销量对任何书来说都相当惊人。圣马丁付给两位作者 25000 美元预付款买断版权。据《文汇报》报道,《保姆日记》的 CD 书也已在美国出版,担任配音的是超级女星朱莉娅·罗伯茨。同名改编电影也将由她出演女主角,米拉麦克斯电影公司已买下电影版权并将于 2007 年开拍。该书的中文版权也由南海出版公司买下。

第五名:《兄弟》

1. 榜上表现

《兄弟》(The Brethren)是由作家约翰·格里沙姆于 2000 年创作出版的科幻类小说。在美国轰动一时,连续上榜,盘踞于各大排行榜。据统计,它连续上榜 30 周,曾有 7 次位居榜首,总积分为 340 分。

2. 类型

科幻小说

3. 基本内容

这本书是约翰·格里沙姆继《遗嘱》等推出的又一力作,这部书是由两个不同的故事交织而成,情节曲折,相互融合。作者牢牢地把握了这两条线索,使得读者能够通过绝大多数开放的章节猜测何时、用何方法使这两个世界粘连到一起的。同时,留给人们深刻印象的也是作者精心的肖像描写方法。第一个部分的故事是讲三个因犯罪被关押的法官,他们在这个小却安全的监狱里成为狱友,相似的经历和想法让他们成了兄弟。在狱中他们精心调制了一个复杂的策划,合作以刊登广告的征友方式,实则是敲诈勒索钱财,对富贵的人下手。第二个故事主要是以总统候选人艾伦·莱克的出现为线索的,他是一个名不见经传的国会议员,却由美国中央情报局局长泰迪·梅纳德控制,指使其参加总统竞选。全书由一次秘密的对话开始,用以实施梅纳德恢复期处于困境中的代理机构的计划。国会议员莱克,就像是梅纳德手中的棋子一样,梅纳德承诺莱克能够入主白宫,以获得相当于莱克就职典礼两倍经费的联邦防御经费。在格里沙姆的笔下,梅纳德就像一个拥有至高权力的魔鬼一样,完成了他疯狂的阴谋游戏。这本书讽刺了统治者的权力政治和犯罪者的正义伪装两方面,辛辣、刺激,浇铸了那些带有灰暗阴影的传说。

4. 评价

令人关注的、美丽的、快速的……将从第一页就构筑你的魂魄并引领你往下走。

——《纽约邮报》

第六名:《遗嘱》

1. 榜上表现

《遗嘱》(*The Testament*)是约翰·格里沙姆于 1999 年创

作的一部小说。它的上榜时间连续近 7 个月之久，在 1999 年 2 月 15 日第一次上榜便荣登榜首的宝座，并连续 7 周卫冕成功。总得分为 333 分。在上榜的 30 周内均排在前 10 名，受到读者和书评家的双重肯定，绝无仅有。

2．类型

律师小说

3．基本内容

特罗伊·菲兰是一个白手起家的亿万富翁，是美国最富有的人之一，但同时他也是一个具有古怪性格的隐居人，他被轮椅限制着自由，他正渴望着死亡，而他的继承人像是盘旋在天空的兀鹰一样贪婪的人。

奈特·莱利是一位生活在华盛顿的、具有激情的讼棍，长期以来他生活得十分艰难，第二次婚姻境况也令人担忧，但他常常显示出脆弱清醒的意识、良好的目的、幽默开朗的性格。而真实的世界是那么的困难，一切好像正在走向死亡……

雷切尔·莱恩是一个选择把自己送给上帝的年轻女人，她远离时尚的世界，作为巴西丛林深处的印第安原始部落的研究者，她努力挣脱出阻碍她居住和工作的牢笼。

这个故事交织着法律悬念，具有明显的冒险风格，他们的生活将被遗嘱中惊人的秘密永远改变。

4．评价

这是一部值得反复回味的小说，是他今年最好的小说。

——《今日美国报》

一部使人不得不反复读的小说!

——《新闻周刊》

有趣至极。

——《纽约书评》

第七名:《逃离圣诞节》

1. 榜上表现

《逃离圣诞节》(*Skipping Christmas*)是约翰·格里沙姆创作的一部转型之作。它连续上榜31周,9次位居榜首,总得分为311分。这部小说突破了作者律师派小说的一贯作风,用诙谐幽默的手法,演绎了一对中年美国夫妇圣诞节奇遇的故事。但是,各界对该小说的评价褒贬不一。

2. 类型

幽默小说

3. 基本内容

故事反复出现在一对中年美国夫妇路德和诺拉·克兰克夫妇的身上。在感恩节后的第一个周日,他们向将要去秘鲁参加维和部队的女儿布莱尔挥手告别,他们突然意识到"他们年轻受保护的女儿将第一次远离家过圣诞节"。

路德把女儿圣诞节上的缺席作为一个机会。他估计,自家在圣诞节上的花销将有 6100 美元。因此，他做了一个决定，并把这个决定告诉他的妻子、朋友和邻居，那就是："我们不过圣诞节了！"然后，路德预订了一个十天的加勒比海旅行。但是事情刚开始就令人不快，当他惊悚的邻居听说他颠覆性的安排后，便开始围攻他们夫妇，还反复质疑他们的决定。格里沙姆营造了一个有趣但又日益可怕的图画，这种密集紧凑的社区关系使路德变得烦躁不安，他发现他们承受着周边环境的压力。随着不安的不断上升，读者可能会想象到他们是否会坐上圣诞节飞往国外的班机……

几乎以前所有的著名的圣诞版本（至少是在文学上）都依赖于仅有的一些幻想。但格里沙姆坚持平凡，无论如何他的故事缺乏魔幻色彩。他在这部小说里轻松愉快地讽刺了以往圣诞节的喧嚣，很成功地矫正了人们对以往圣诞版本的厌恶。

4. 评价

《逃离圣诞节》是格里沙姆比较柔和的一部小说，没有暴力的动作和令人毛骨悚然的法律条文，但是又轻轻地激发了圣诞节的疯狂。

——杰里·布莱顿（亚马逊英国网站）

尽管他的小聪明慢慢显现并有稍许的魅力，但绝不代表来自格里沙姆系列的圣诞节奇谈将伴随着圣诞的颂歌。我们认为，它不能进入格里沙姆优秀小说的行列。原因是恐怖才是你想从格里沙姆那里得到的东西。

——《出版商周刊》

第八名:《纠错》

1. 榜上表现

《纠错》(The Corrections)由美国新锐小说家弗伦岑·乔纳森于 2001 年创作的一部小说。在 2001 年《纽约时报书评周刊》评出的年度五本文学类好书里就有此书。2003 年 9 月 5 日,爱丁堡大学公布了英国最古老的文学奖"布莱克奖"名单,他获得了小说奖,得奖金 3000 英镑。该书连续上榜 29 周,曾有 2 次位居榜首,总积分为 301 分。

2. 类型

讽刺小说

3. 基本内容

这本书的书名比较抽象,也引起了许多的争议与考证。书中主要描述的是在 20 世纪末的美国中西部,拉姆伯特这一五口之家的衰落历程。这个故事所延伸的背景比较广阔,主人公活动的地点从美国的中西部地区、纽约的华尔街,一直延伸到了东欧的立陶宛、波兰。随着故事的发展,人物又回到了美国中西部。书中塑造了个性鲜活的各种人等,人物的性格跃然于纸上,像得老年痴呆症的丈夫、脾气固执的妻子,其他的像银行家子女、厨师等,人物都被塑造得非常丰满。书中紧密联系着 20 世纪末的国际政治、最新科技、消费经济和自由城市,这些都是左右书中人物活动和行为的重要客观条件。

4. 评价

该书主要是关于知识分子家庭的讽刺小说，2001 年出版后就受到评论界的好评，曾被评为美国"年度最佳小说""新世纪的第一本重要图书"等。许多评论家都认为，弗伦岑的这部小说是一部"全球化的作品"。

第九名:《天使与魔鬼》

1. 榜上表现

《天使与魔鬼》（*Angels & Demons*）是丹·布朗创作的又一力作，为《达·芬奇密码》的姊妹篇。它 2004 年上榜 41 次，时间跨度很大，可见在读者心中还是很有影响力的。它的上榜时间虽长但没有在榜首的经历，有 29 次冲进前 10 名，但最好成绩是榜上第五，总得分达到 293 分。说明此书与《达·芬奇密码》相比，明显爆发力不足。

2. 类型

悬疑小说

3. 基本内容

这是一部你一旦拿起就再也无法放下的大师力作。宗教与科学的激烈对抗，人性与神性的正面碰撞；一个古老神秘的地下组织——光照派，一种具有极大毁灭性的高科技武器——反物质，一项迫在眉睫、不可思议的任务……

虔诚的上帝信徒——欧洲原子核研究组织的杰出科学家列奥纳多·维特勒毕生致力于以科学的手段证明神的存在。他和养女、神秘妩媚的科学家维特多利亚在实验室里进行高度机密的试验，成功地制造出了一种极其强大的能量——"反物质"。

在这个重大发现尚未对外公布时，列奥纳多在实验室里惨遭杀害，一颗眼珠被凶手挖走，胸口上赫然印着一个神秘的标记——"光照派"！更令人震惊的是，藏在地下的反物质不翼而飞。哈佛大学的符号学专家罗伯特·兰登应欧洲原子核研究组织首领之邀，前来调查这个神秘的符号。就在他到达的当天，失踪的反物质在梵蒂冈城地下某处被人发现。离开了实验室的反物质，会在二十四小时之后自行爆炸。这天正是天主教教皇选举日。来自世界各地的天主教首领会聚在梵蒂冈城，藏在地下的反物质就如同一枚定时炸弹，如不能及时找到，整个梵蒂冈城便会在顷刻间灰飞烟灭。情势刻不容缓，兰登与维特多利亚一起踏上了前往梵蒂冈的冒险之旅……

4. 评价

　　这真是一本该死的书——拿起这本书我就再也放不下，不把这本书读完我什么事也做不成。

——畅销书作家戴尔

　　一场令人悚然的猫捉老鼠式的较量，一个生死攸关、扣人心弦的惊险故事，一出离奇古怪的事件，一部集宗教、科学、谋杀、推理和建筑学于一体、情节曲折的小说。《天使与魔鬼》获得满堂彩！

——《科克斯书评》

将梵蒂冈阴谋和高科技艺术交织在一起,情节曲折,出人意表,让读者保持高度的兴奋,一口气读到最后。

——《出版商周刊》

5. 影视改编和国外授权

这本书暂无电影拍摄,版权正在洽谈之中。人民文学出版社已引进该书的中文版权,2005年2月出版,市场反响良好。

第十名:《四法则》

1. 榜上表现

《四法则》(*The Rule of Four*)由伊恩·卡德威尔创作,达尔出版公司出版发行。上榜23次,主要集中在2004年5月下旬到10月中旬这段时间内,曾20次冲进排行榜前10位,18次冲进排行榜前五,总得分达到256分。在2004年好书众多(《达·芬奇密码》《天使与魔鬼》等)的情况下取得如此骄人的成绩实属不易。

2. 类型

悬疑恐怖小说

3. 基本内容

一个出自常春藤学校的同盟,遗传神秘的手写稿代码和文艺复兴时期一个王子的秘密,在本书中碰撞到了一起,这是一部将悬念、学识和令人难以想象的背叛编织在一起的经典作品。

这是发生在普林斯顿的复活节上的一个故事,学长们正在为完成他们的论文而奔波,两个学生汤姆·沙利文和保罗·哈里斯正为研究一本缘自意大利贵族的手稿——《寻爱绮梦》(*Hypnerotomachia Poliphili*)而费尽心思。它自从1499年问世之后就让学术界困惑不已。而对于汤姆来说他们的研究是他们家庭过去的连接;对于保罗来说,一个问题开始困扰他,就是他的生存。在截稿日期就要临近时,直到一本生死攸关的日记出现后,研究才没有被拖延。但接下来的数小时后有研究者就被谋杀,他们开始意识到隐藏其中的秘密。

突然间,悬念开始上升,两个好朋友重新审视书中的核心符号和谜语,他们从更新的角度去研究书稿。随着对破译密码的临近,他们的职业、友情、家庭也开始濒临破碎。他们知道他们正生活在致命的危险中,因为有一人因知道得更多而将被杀。

小说从15世纪古罗马的街道到常春藤的国度,从500年前骇人听闻的谋杀到当今年轻人对古老秘密的破解。《四法则》充满信念、冒险和玄学,是一部奇异的数学迷津。它带给我们的是一种享受,一连串的历史事件,创造出不堪忍受的焦虑顶点!

4. 评价

一本带有黑暗文艺复兴时期的秘密的不可思议的小说!广博深厚的知识……终极迷惑。

——《纽约时报》

这里充满着谋杀、冒险、危险和侦察,英雄最终不仅解答了困惑,还拥有了生存!读者们很有可能被诱惑去买他们自己的《寻爱绮梦》并且陷入迷惑!

——《出版商周刊》

三、美国十大超级畅销书作家

这十大作家的总得分是 14195 分,占总分的 29.80%。其中,位于排行榜前列的是悬疑惊悚类作家,其次才是犯罪和浪漫小说类作家。从排行榜上的作家间的竞争结果中,我们发现,悬疑类作家是目前排行榜上各类作家中的最大赢家。

悬疑小说大师詹姆斯·帕特森可谓多产作家,在 8 年中著作数量庞大,光是上榜的畅销书就有 22 种,以《海边小屋》的得分最高。他每本书的平均得分为 10.70 分,相对每本书的得分而言较为平稳。而位居次席的丹·布朗就可谓是后起之秀,仅是《达·芬奇密码》的得分就高达 2114 分,开创了畅销书排行榜上的奇迹。从统计的结果我们不难看出,同为悬疑类畅销作家,詹姆斯·帕特森和丹·布朗的区别就在于,前者是平稳的上升,而后者则是剧烈的大起大落。

序号	作家名称	得分	上榜次数	每次得分	种数	榜首次数
1	詹姆斯·帕特森	2665	249	10.70	22	49
2	丹·布朗	2547	219	11.63	3	66

(续表)

序号	作家名称	得分	上榜次数	每次得分	种数	榜首次数
3	约翰·格里沙姆	1850	175	10.57	8	38
4	丹妮尔·斯蒂尔	1216	142	8.56	23	7
5	米奇·艾尔邦	1126	99	11.37	2	13
6	斯蒂芬·金	1117	117	9.55	10	16
7	尼古拉·斯派克斯	1064	114	9.33	8	5
8	玛丽·希金斯·克拉克	1022	106	9.64	13	14
9	帕特里夏·康威尔	805	83	9.70	10	18
10	蒂姆·莱希	783	91	8.60	12	11
	合　计	14195	1395	10.18	111	237

第一名：詹姆斯·帕特森

1. 作家简介

1947年，詹姆斯·帕特森（James Patterson）出生于纽约市北方50公里处的纽堡，自小在求学路上一直是个好学生，他从圣派屈克基督男子高中毕业时是学生致词代表，在曼哈顿学院结业时获颁"最优等奖"，尔后也以第一名成绩取得范德比尔特大学的英语硕士文凭。

好学生上了职场不一定会是好员工，然而这个满脑子创意的新人进了广告公司，却是呈三级跳的方式蹿升。帕特森在1971年进入广告业之时只是个初阶文案人员，但是凭着多元创意的优异表现，他所负责的客户例如柯达、汉堡王、玩具反斗城、贝尔大西洋电话公司、必治妥等厂商都打开了知名度，并且在国际间的广告大奖中获奖连连。帕特森的职位一路高升，不但成为公司史上最年轻的执行创意总监，甚至还当上最年轻的执行总裁。1990年至1996年间担任了智威汤逊广告公司北美地区的董事长，俨然已是广告界的大亨。

后来，他和同僚彼得·金合写了一本非小说类的著作《美国说实话的这一天》，结果登上了美国畅销小说排行榜。当创意延伸至推理小说的领域时，活跃于广告界的帕特森如今已贵为全美公认的"悬疑大师"。事实上，帕特森的创作生涯起初并不顺遂，他的处女作《托马斯·贝瑞曼号码》曾被26家出版商退稿，这个纪录恐怕连"谋杀天后"阿加莎·克里斯蒂也要自叹弗如，后来才获得利特尔-布朗出版公司的首肯得以出版。这么一本命运坎坷的小说，谁会料到居然拿下该年的爱伦坡奖年度最佳处女作，那一年是1976年，当时帕特森才27岁。

自1976年发表处女作《托马斯·贝瑞曼号码》至今近30年来，帕特森已写出20余部作品，其中包括了使他声名大噪的"亚力·克罗斯"（Alex Cross）探案和三本"女子谋杀俱乐部"（Women's Murder Club）系列故事，前者有两本小说被拍成卖座电影，后者也被NBC电视网拍摄为三小时的迷你影集，而且另有其他作品如《第十七洞果岭的奇迹》也正在拍摄中。

帕特森的小说节奏明快，悬疑性贯穿全局，令人一旦展阅就无法掩卷而息。目前帕特森和妻子小孩住在佛罗里达州的棕榈滩县，创作力和往年比起来是有增无减，光是2004年就发表了三本著作,而且创意仍是源源不绝。

2. 所获成就

在近一期美国《时代周刊》杂志中,詹姆斯·帕特森被认为是"不能错过的人"。

他还被美国《财富》杂志评为前 100 名人。

他在过去五年中居榜首的新畅销书比丹·布朗、J. K. 罗琳、汤姆·克兰西和约翰·格里沙姆的加起来还要多。

在过去十年中,他新上榜就居第一的侦探小说系列,以亚力·克罗斯的特色最鲜明,还包括被好莱坞看重的《全面追缉令》(*Along Came a Spider*)和由摩根·弗里德曼主演的《惊唇劫》(*Kiss the Girls*)。

在过去五年里,他的"女子谋杀俱乐部"这部侦探小说系列中,《第五骑师》(*The 5th Horseman*)这本书打破了畅销书的销售纪录。

他是第一个有作品同时登上《纽约时报》成人和儿童书单的作者,踏进青少年市场的第一击是"疾速天使"(Maximum Ride)系列,这个系列初次登榜就连续 12 周居该排行榜第一位。

从 1976 年创作的处女作《托马斯·贝瑞曼号码》到 2005 年的畅销书《蜜月》,他已经获得了包括埃德加奖、BCA 神秘小说协会的年度惊悚小说奖等奖项。

3. 榜上表现

据统计,8 年中詹姆斯·帕特森共上榜 249 次,居榜首 49 次。其总分达到了 2665 分,居十大超级畅销书作家的首位,每次平均得分10.70分,即他的平均排名约为第五名。他共有22本书上榜,是一位相当多产的作家,共有20本的平均分达到8分以上。

第二名:丹·布朗

1. 作家简介

1964年,丹·布朗出生在美国新罕布什尔州的一个中产阶级家庭,父亲是一名曾获得总统荣誉奖的数学教授,母亲是一名职业的宗教音乐家。丹·布朗曾就读于安默斯特学院和在菲利普·埃克塞特学院。在成为专业作家前,他在汉普顿瀑布镇的艾斯特中学及林肯艾克曼中小学教授英文。丹布朗一直都对密码学有浓厚的兴趣,在他的作品中不断出现与暗码有关的关键线索。而科学与宗教这两种在人类历史上看似如此截然不同却又存在着千丝万缕关联的信仰却被他巧妙地结合成为他的创作主题。

《达·芬奇密码》是丹·布朗的第四本小说。1996年,出于他对密码破译和秘密情报机构的兴趣,丹·布朗创作了他的第一部小说《数字城堡》(*Digital Fortress*),探讨公民隐私与国家安全的矛盾。接下来的《骗局》(*Deception Point*)是这一主题的延伸,关注政治道德、国家安全与保密高科技。第三部《天使与魔鬼》(*Angels and Demons*)也取得了不俗的成绩。2004年上半年,丹·布朗的四本小说同时在《时代周刊》畅销书排行榜上出现。有评论戏谑丹·布朗的作品是:"一书得道，鸡犬升天。"

如今的丹·布朗频频亮相于 CNN、今日秀，美国国家广播电台、美国之音以及《新闻周刊》《人物》《福布斯》《娱乐周刊》《纽约客》等重要媒体。他的小说被摆放在美国各大书店最醒目的位置，他的作品被翻译成 44 种语言在世界各国出版。

不难看出，丹·布朗的作品多为综合悬疑、惊悚、侦探、阴谋等多种畅销因素的类型小说。他擅长将史实、宗教、艺术和神秘组织撮合起来，借助密语和象征符号带出悬疑惊险的情节，让读者陷入疑幻似真的世界中欲罢不能。

许多人成名前都经历过一段艰辛岁月，丹·布朗也不例外。当作家之前，丹·布朗曾在好莱坞唱过几年歌，但一直苦于不能成名。当时，丹·布朗走的是"忧郁型"路线，出过两张专辑，一张叫《丹·布朗》，另一张就是和日后小说同名的《天使与魔鬼》。

如今的丹·布朗风头仍健。目前有消息说他正在撰写名为《所罗门钥匙》（*The Solomon Key*）的新书，而藏在《达·芬奇密码》书皮中的谜题暗示了下一部小说的主题，其中有两处指向在维吉尼亚州的美国中央情报局雕塑——克里普托斯。

2. 榜上表现

丹·布朗可以说是这十大畅销书作家中最特殊的一位：作为一位后起之秀，他在短短 3 年里仅凭《达·芬奇密码》一书就稳坐榜上 163 次，总得分达到了 2114 分，平均得分为 12.97 分。其实他的另外一本《天使与魔鬼》表现并不突出，其杰出成绩的 85% 是凭借《达·芬奇密码》创下的。

第三名：约翰·格里沙姆

1. 作家简介

法律惊悚小说大师约翰·格里沙姆（John Grisham）在他的第一本书《杀戮时刻》（*A Time to Kill*）出版时，还是一位密西西比州的受理犯罪事务的民间律师。但是当他的第二本书《律师事务所》（*The Firm*）一鸣惊人后，他在法律惊悚小说领域的王者地位就开始奠定了。

格里沙姆于 1955 年出生于美国阿肯色州，曾就读密西西比州西北青年大学，后又进入密西西比大学学会计专业学习，并于 1977 年获得了会计学士学位。然后，他又继续在密西西比大学学习税法。很快他就发现自己根本就不喜欢自己选择的专业。于是，他再一次地改变了自己的专业，开始学习犯罪法。1981 年获得法学硕士学位，他成为一名犯罪学律师。后来，他成了密西西比州任命和选举委员会的副主席，还当任多种社会公职。这大大丰富了他的人生经历，但也使得他对目前的职业感到厌倦。

1989 年春天，格里沙姆实现了很多人梦寐以求的梦想。他的第一部小说《杀戮时刻》由纽约的温沃德出版社出版，其副标题是"作为报偿的一部小说"。

这本书卖得很好，到当年秋天时，首印 5000 册一售而空，因此引起好莱坞制片人的关注。有人评价说："格里沙姆是一个重量级小说作家，他拥有一对天生为我国语言的韵律而长的耳朵。他的作品特别吸引人的地方是他所阐释的我们南部文化特质中不容辩解的最不稳定性。"还有人认为："格里沙姆的快乐是与党派政治的拜占庭式的复杂性相关联的，这种快乐很有感染力，并且他讲述了一个很好的故事。"

格里沙姆先后创作了《鹈鹕案卷》《毒气室》等多部畅销小说，并得到好莱坞的青睐。《律师事务所》和《鹈鹕案卷》（也译成《塘鹅追杀令》）分别由大牌影星汤姆·克鲁斯和朱莉娅·罗伯茨主演，轰动一时。

2. 榜上表现

据统计，约翰·格里沙姆总计上榜175周，居榜首38次，总得分为1850分。8年中，他的平均得分为10.77分，平均排名第五名。他共有8本书上榜，《兄弟》《遗嘱》和《逃离圣诞节》三本书的成绩颇为突出，得分分别是340分、333分和311分，排在美国十大超级畅销书的第五到七位。

第四名：丹妮尔·斯蒂尔

1. 作家简介

丹妮尔·斯蒂尔（Danielle Steel）本人已经成为一位传奇性的人物，这种传奇色彩胜于她的每一本书，而她也从未掉下过畅销书排行榜。目前，她的书风靡全球，她的书无论男女老幼都在读，已经印了5600万册，

2006年7月，丹妮尔·斯蒂尔的《亮相》（Coming Out）首次登场，而这是她的第67本畅销小说，其他书都曾在众多

排行榜上荣登榜首。由于在纽约和欧洲有公共关系学、广告学和教育学的专业学位，她很早就投身到她的创作事业中，19岁时写出了她的第一本书。她经常同时写5本书——从事调查并构思一本的故事情节，写另一本，又开始编下一本。她经常花两到三年的时间在一本书的调查和发展上。在打第一遍草稿时，对于她来说，一天花18到20个小时坐在她的老式手动打字机前并不是什么不正常的事情。

从1981年起，丹妮尔·斯蒂尔就开始稳坐在纽约时报的精装书和平装书的畅销书排行榜上。1989年，她上了世界吉尼斯纪录大全，因为她至少有一本书在纽约时报畅销书排行榜连续上榜381周以上，而最长纪录是390周以上。

她因有31本小说被拍成影视作品很受人注目，而且还创作"麦克斯和玛莎"（Max and Martha）青少年系列读物，这是10本插图故事书，专门为了帮助青少年解决他们在人生中遇到的问题，比如面对继父、新生儿、新学校、祖父母的去世和其他人生中重要关头的困境。她还写了4本"弗雷迪"（Freddie），是在孩童时代生活中会遇到的真实情况，比如去看医生时会发生的事情或是离家的第一夜。她也写非虚构类作品，《他明亮的光》（*His Bright Light*）写的是她的儿子尼古拉斯·特雷纳（Nicholas Traina）的一生和死亡。

2002年，丹妮尔·斯蒂尔因为她对世界文化所做的贡献，被法国政府授予了"杰出文学艺术奖"，是这个奖项中最高级别的第二位。

她对艺术有兴趣和热情，好几年前就拥有了自己的画廊，并赞助和组织了好多画展。她创办管理着两家慈善基金会，热心公益事业。

在她广泛的兴趣和丰富的活动之外，丹妮尔·斯蒂尔是一个以家庭为重的人。家庭、孩子和年轻人是她生活的中心，她在写作中表现出充满对生活的热情。她用富有感染力的文字讲述感人的、关注人们压力生活下的故事，这使她的书为世界读者所接受，并感动了无数的人。她的作品涉及各种各样的主题，如绑架、乱伦、精神病、自杀、死亡、离异、收养、婚姻、损失、癌症、战争等。她还经常有关于历史主题的作品出现，在谨慎精确的调查基础之上，给大家所熟知的历史事件赋予新的表现形式。

2. 榜上表现

丹妮尔·斯蒂尔是一位多产的女作家，8年内她有23本书上了排行榜，尽管每本书的平均得分表现平平，但其中也不乏出众的作品。她在最近几年出的畅销书不是很多，比较突出的是1999年到2001年间出的书，比如《无上法力》和《Leap of Faith》。她的总得分为1216分，上榜142次，有7次登上榜首位置。

第五名：米奇·艾尔邦

1. 作家简介

米奇·艾尔邦（Mitch Albom）不仅是一名畅销书作家，而且是底特律自由出版社撰稿的专栏作家，写电影剧本和舞台剧剧本，也为 ABC 主持节目，另外还经常在 ESPN 电视台的体育节目里作电视评论员。

艾尔邦原本是美国最著名的体育新闻记者之一，他自创作第一本非体育类书《相约星期二》后，转而成为一位畅销书作家。该书首次出版就印了 500 万册，1997 年 10 月刚上《纽约时报》畅销书排行榜就位居榜首，并一直保持榜首位置达四年之久！它还被译成 31 种语言，出版到 36 个国家，销量达 1000 万册之多，在日本、澳大利亚、巴西和英国都登上了畅销书排行榜。著名脱口秀节目主持人奥普拉·温弗瑞在此基础上为 ABC 公司创作了一部电影。该影片不仅是当年网络上最受关注的电影，而且赢得了 2000 年的艾美奖。它还被改编成了戏剧，在国内各大剧院都上映。

之后，艾尔邦也转入虚构类小说的创作。《相约星期二》所描述的是生活中的真实人物原型，而在《你在天堂里遇见的五个人》和新作《一日重生》这两本书中所描述的都是天堂，这就带了些许神话色彩了。在前者的前言中，他解释道，天堂就是一个"人们在地球上觉得自己不重要，最后又终于意识到自己一直都被关心着、爱着"的地方。

2. 榜上表现

《你在天堂里遇见的五个人》成绩不俗，它主要是在 2003 年至 2005 年间上榜，共上榜 96 周，居榜首共 9 周。2003 年上榜 11 周，其中有 4 周居榜首；2004 年上榜 51 周，居榜首 2 周；2005 年上榜 32 周，居榜首 3 周。由每次 11.37 的得分可看出，这本书的平均排名是第五名。

据统计，艾尔邦共上榜100次，总得分是1126分，每次得分11.37分，表现可圈可点。《你在天堂里遇见的五个人》和《一日重生》共冲上榜首13次。

第六名：斯蒂芬·金

1. 作家简介

一旦提起斯蒂芬·金（Stephen King），我们就很可能会把他和"这个星球上最多产的作家"的头衔联系起来。他被称作是世界上最负盛名的"恐怖小说大师"。

有人问他为什么当作家，他给出的答案非常简单：我生来就是要创作小说的，我喜欢创作小说和故事。我不敢想象要是我从事其他事情将会是怎样的，更不敢想象如果我不从事创作会怎样。

斯蒂芬·金1947年出生于缅因州的波特兰市，在家排行老二。当他还在蹒跚学步时候他的父母就离婚了，他和哥哥大卫由母亲抚养成人。斯蒂芬·金曾就读于缅因大学，二年级时就在校报上写每周专栏了。他对政治也很积极，是学校议院的一员。他于1970年毕业后，获得英语文学学士学位并有资格在高中执教了。

1971年1月，斯蒂芬·金结婚。在他结婚的前几年里，他一直将他的小说往男性杂志投稿。这其中很多的作品后来被收录在《守夜》（*Night Shift*）或其他选集中。1971年秋天，斯蒂芬开始在缅因州的汉普登学院教授英语。他每到晚上和周末就继续写作，开始创作短篇小说，从那以后一发不可收拾。斯蒂芬·金获得过很多奖项。其中，因为对美国文学的杰出贡献，他在 2003 年获得了美国国家图书奖。

在斯蒂芬·金的个人正式网站上，这位惊悚大师被人问得最多的问题是他是否会退休？答案不言自明。他在 2006 年出版了他的新书《手机》（*Cell*），这是他自 1974 年出版《魔女嘉丽》（*Carrie*）以来的第 43 本小说。这还不包括其他曾经出版的绘本、非虚构作品、漫画书、选集、儿童书和数不清的短篇故事。而原先准备在 2006 年发行的让书迷们期盼已久的《黑暗塔》（*Dark Tower*）系列连环画可能要到 2007 年 2 月才能与读者见面，这让书迷们不免有些失望。

2. 榜上表现

据统计，斯蒂芬·金上榜的 10 本书中有 6 本得分都在 9 分以上，8 本都不只一次登过榜首。他不愧是恐怖小说大师级人物，作品的榜上表现很稳定。其总得分为 1117 分，上榜 117 次，每次得分 9.55 分。

第七名：尼古拉·斯派克斯

1. 作家简介

尼古拉·斯派克斯（Nicholas Sparks）是一个相貌俊朗的居家男人，他写的具有心的牵引感的小说总是能赚取读者的眼泪，获得小说的大卖。

自从 1996 年《笔记本》一书给尼古拉·斯派克斯带来一

种口述出版的感觉后,他就开始保持着他作为悲剧爱情故事畅销作家的地位。

他在 2002 年发表的《罗丹岛之恋》这本书打破了他一向的惯例。不像他以前的书那样,这本书不是建立在任何有关他的家庭经历的基础上,而是写的一个中世纪的爱情故事,这个故事发生在一个离婚了的女人和遇到麻烦的单身医生之间。在一篇关于这本书的文章中,斯派克斯称这本书"也许是我所有的关于这方面题材的小说中写得最浪漫的一部"。

榜上表现

据统计,尼古拉·斯派克斯 8 年中共有 114 次上榜,5 次居榜首,总得分是 1064 分。他共有 8 本书上榜,1999 年上榜 1 本,2001—2002 年上榜 2 本,2003 年上榜 3 本,2005—2006 年上榜 2 本,每本书的平均分值为 9.33 分,处于中等偏上的位置。

第八名:玛丽·希金斯·克拉克

1. 作家简介

玛丽·希金斯·克拉克(Mary Higgins Clark)出生于纽约,可她是爱尔兰血统。她认为她的血统对于她的创作才能有很大的影响,她说"爱尔兰人天生就是故事家"。

玛丽的父亲在她 10 岁的时候就去世了,她母亲挣扎着把她和她的两个兄弟抚养成人。后来,她嫁给了 16 岁时就认识的大她十岁的邻居沃伦·克拉克。她结婚不久就开始写短篇小说了。1956年,在经过了6年40次被拒绝之后,她以100美元将她的第一篇短篇故事卖给了《延伸杂志》。她回忆说这是她的第一次投稿成功。

1964年,玛丽的丈夫因为心脏病去世,留给她5个孩子。除了为广播台写剧本,她开始写书。她每天早上5点钟起床写到7点,然后紧接着准备送孩子们去上学。她的第一本书是关于乔治·华盛顿的传记小说《渴望去天堂》。这本书的销售不如人意,积压在出版社的仓库里。接下来,她决定写悬念小说《孩子们到哪里去了?》。这本书后来成了畅销书,也是她人生和事业的转折点。

之后,玛丽决定投入时间做她一直想做的事情。在此之前,她把所有的时间花在对孩子的教育上了,现在她决定为自己活一次。1974年,她进入林肯中心下的福特汉姆大学学习,获得了哲学学士学位。后来她又继续深造和讲学,现在,她已经有13个荣誉博士头衔了。

在守寡多年后,玛丽于1996年年底再婚。她获得了很多荣誉,有新泽西州的女性俱乐部联盟颁发给她的女性成就奖、爱尔兰——美国传统文化周刊委员、美国——爱尔兰历史协会颁发的金项奖荣誉、耶鲁大学医学院的爱因斯坦学院颁发的精神成就奖和全国艺术俱乐部颁发给她的教育金项奖等。1997年4月,她获得霍雷肖·阿尔杰奖。它是一个积极的文学项目的支持者和参与者。

1980年,玛丽获得了法国的格兰匹治警察文学奖,她的作品被翻译成多国文字,在许多国家都成了畅销书。她在做了多年理事后，1987年终于被推选为美国悬疑作家协会的会长。

2. 榜上表现

玛丽·希金斯·克拉克每年都有新书上榜，1999年到2001年这三年中的榜上表现是稳中有升，有两本书分别居榜首达4次。2002年至2004年表现稍显平淡。今年的新书《两个蓝衣小女孩》又再创新高，成绩不俗，仅2个月就居榜首3次，得分为102分，平均得分为11.33分。她的总得分为1022分，共上榜106次，其中居于榜首14次。

第九名：帕特里夏·康威尔

1. 作家简介

帕特里夏·康威尔（Patricia Cornwell）的犯罪小说的读者需要有一个强健的胃，来承受可怕的细节和令人紧张的转折情节。康威尔将主管医生凯·斯卡佩特成功地塑造成一个冷静的引人注目的英雄形象，而这个形象总能引起读者的再三回味。

现在康威尔成为最受广泛认同的、受人尊敬的作家之一，并出版了一系列最棒的畅销书，如《验史》和《恶犬岛》。在这之前，她曾是《夏洛特观察家》的警察记者，也在曾在维及尼亚的首席主管医生办公室做过计算机分析员。在她的这段时光中，康威尔她仔细地观察过尸体解剖。绝大多数人认为这样的工作是非常令人恶心，而康威尔却从中学到了获得了很多信息，这种信息也奠定了她写《一个杀手的肖像：开膛手杰克结案报告》这本书的基础，并为此增添了不同寻常的权威性和真实感。

康威尔的小说让人觉得如此真实，但从来都不缺乏趣味性。她创造了许多性格非常鲜明有复杂多样的角色。

她曾说过，如果你能把你的一篇篇幅短小的短篇小说继续下去，并能使它足够吸引人，让人们爱不释手的话，那么就使它成为一个完整的故事吧。这样，差不多在你的下部小说中，你就能明白如何把你的情节写得更好。

2. 榜上表现

据统计，帕特里夏·康威尔共上榜 83 次，得分 805 分。每次得分 9.70 分，可看出其在排行榜上的平均水平处于中间偏上一点位置。她有 10 本书上榜，冲上榜首 18 次。

第十名：蒂姆·莱希

1. 作家简介

蒂姆·莱希（Tim LaHaye）与杰里·詹金斯合作的《末世迷踪》(*Left Behind*) 系列作品取得了巨大成功，一直以来都很畅销的基督教小说系列。这些书将源于圣经的预言和猜测糅合起来创作成具有扣人心弦的惊悚小说。

在创作这一系列作品之前，詹金斯已经靠和其他人合作写多本名人传记发迹了，也写过一些有关婚姻和育儿的书。蒂姆·莱希也写过有关婚姻和励志的书，在加利福尼亚的一个教堂当过牧师，和别人合作创办了 Pre-Trib 研究中心。这是一个有关研究圣经和人在世界上存活的最后期限的预言的团体。莱希花了好几年寻找一个可以和他从地球末日的视野和角度来合作创作的人，包括描写出类似于旅客在飞机上突然消失那样的画面。最后，莱希和詹金斯在双方文学代理人的介绍下认识了，詹金斯开始写妻子和儿子及消失在飞机上的机长雷福德·斯蒂尔。那些还存在地球上的人，还有机会在正义和邪恶之间进行最后的选择。

这一系列的书立马成了一鸣惊人的畅销书，据美国广播公司的报道，到 2001 年为止已经卖出了 5000 万册。"他们把汤姆·克兰西式的悬念和浪漫气息相结合，将高科技的惊险和圣经故事中的情节交织在一起"，《纽约时报》这样来解释为什么他们的书取得了如此空前的成功。莱希和詹金斯自己都被他们的成功给弄晕了。莱希说："我从事写作 40 年了，有 1200 万册书付印，却还从来没有见过这样的情况。"

Pre-Trib 系列已经有了 50 多部非虚构作品，涉及的主题非常广泛：家庭生活、性情、性和谐、圣经预言、上帝的意志、救世主耶稣。莱希的著作遍布世界各地，最多的已经被翻译成 32 种语言。

2. 榜上表现

蒂姆·莱希的总得分为 783 分。上榜历史主要集中在 1999 至 2001 年，其中从每次来看表现最出色的是 2000 年年末出版的《兽印风暴》，但 2000 年 6 月出版的《不死之谜》在 3 个月中曾跃居榜首 4 次，总得分最高。

3. 美国十大畅销书出版公司

据统计，8年中有68个精装书出版品牌（imprint）出版的图书上榜，按其所属总公司，可归结为31个出版公司。十大出版公司的总得分为46290分，占总分的97.17%，而剩下的21个公司占了可怜的2.83%；上榜5722次，占总次数的96.09%；每次得分为8.09分，比平均值高出1.13%。在上榜的971本书中，有142本书冲上榜首位置350次，占总数的88.16%。

排名	出版社	得分	次数	每次得分	种数	榜首次数
1	兰登书屋	15988	1968	8.12	344	160
2	企鹅集团美国分公司	9240	1192	7.75	242	62
3	阿歇特图书集团美国分公司	7993	826	9.68	95	83
4	西蒙-舒斯特公司	4663	634	7.35	129	34
5	哈珀-科林斯公司	2485	392	6.34	61	4
6	亥伯龙出版公司	1852	203	9.12	18	14
7	圣马丁出版公司	1590	200	7.95	37	14
8	FSG出版公司	859	108	7.95	12	7
9	托尔出版公司	840	107	7.85	21	5
10	廷代尔出版公司	780	92	8.48	12	11
合计		46290	5722	8.09	971	350

第一名：兰登书屋

1. 公司概况

兰登书屋公司（Random House Inc.）是世界上最大的英语综合图书出版商，现为全球传媒巨头贝塔斯曼的子公司。它创建于1925年，贝内特·塞夫和唐纳德·克罗普弗买下现代文库丛书，开始出版经典文学名著。两年以后，他们决定扩展出版范围和规模，因此兰登书屋闪亮登场。

70年来，兰登书屋公司在业务发展的同时，不断购买其他公司而壮大，同时也被更大的公司青睐，招揽至旗下。它的出版部门包括矮脚鸡-戴尔出版公司、皇冠出版公司、双日-百老汇出版公司、克诺夫出版公司、兰登书屋出版公司、兰登书屋听书出版公司、兰登书屋儿童图书公司、兰登书屋万象出版公司、兰登书屋信息公司和兰登书屋风险基金公司等。

该公司由许多出版公司及其出版品牌组成，它出版虚构类和非虚构类图书，包括新书和重版书，还出版《兰登书屋英语词典》等辞书和参考书。每年出书约8000种，出版形式包括精装书、平装书、一般平装书、廉价版、听书、电子版书和数字图书。读者涵盖从成人到青年再到儿童。

它的势力范围覆盖全球，在英国、加拿大、意大利、澳大利亚、新西兰和南非等国都有分公司或拥有持股公司，由其国际部统一管理，其出版的图书行销世界各国。

就虚构类或文学出版领域而言，其作家有严肃文学作家，为兰登书屋赢得了众多奖项和荣誉,包括普利策奖、国家图书奖、国家书评奖、布克奖、纽伯利奖等。在其作家名单中还有那些最负盛名的诺贝尔文学奖得主,包括托马斯·曼、托妮·莫里森、帕斯捷尔纳克、川端康成、奈保尔等。让人喜出望外的是,今年诺贝尔文学奖得主奥尔罕·帕慕克也在此出版了《我的名字叫红》等力作。当然真正能给它带来滚滚财富的是那些超级畅销书作家。就本统计范围而言,涉及到的精装书出版品牌包括矮脚鸡、戴尔、皇冠、双日、百老汇、兰登书屋、克诺夫、戴拉克特、巴兰泰等,它们旗下各又有众多的图书出版部门和图书品牌。涉及的通俗小说作家包括约翰·格里沙姆、丹·布朗、托马斯·哈里斯、迈克尔·克莱顿等。

2. 榜上表现

据统计,兰登书屋的总得分为 15988 分,占总分的 33.56%;上榜次数为 1968 次,占总数的 33.05%;榜首次数 160 次,占总数的 40.30%;每次得分为 8.12 分,超过平均值(8 分)1.50%。在上榜的 344 本书中,有 36 本书 160 次冲上榜首位置。

出版品牌	得分	上榜次数	每次得分	种数	榜首次数
双日	5690	556	10.23	43	116
克诺夫	2241	307	7.30	45	5
戴拉克特	2053	257	7.99	46	16
矮脚鸡	1813	267	6.79	69	7

(续表)

出版品牌	得分	上榜次数	每次得分	种数	榜首次数
兰登书屋	1496	213	7.02	50	5
巴兰泰	1043	154	6.77	42	1
德尔瑞	743	96	7.74	26	6
达尔	420	42	10.00	4	0
潘塞恩	184	30	6.13	8	0
皇冠	148	18	8.22	2	4
矮脚鸡·斯派克特拉	64	12	5.33	2	0
双日/纳恩·塔里斯	63	8	7.88	2	0
戴尔	16	4	4	1	0
矮脚鸡-双日-戴尔听书	11	3	3.67	3	0
百老汇	3	1	3	1	0
合计	15988	1968	8.12	344	160

双日出版公司因为有丹·布朗、约翰·格里沙姆这两个超级畅销书作家的鼎力相助，风光无限。两人联手拿下4370分，占双日的76.30%，排在十大畅销书作家的第二、三位。双日的总得分为5690分，占总分的11.94%；上榜次数、榜首次数分别占总数的9.34%、29.22%；其均值为10.24分，超过28%。它在榜首位置上总共待了116周，占兰登书屋的72.5%，占总数的29.22%。而克诺夫、戴拉克特、矮脚鸡、兰登书屋、巴兰泰也有相当不俗的表现。

第二名：企鹅集团美国分公司

1. 公司概况

企鹅集团美国分公司（Penguin Group USA Inc.），是国际出版巨头培生公司下属企鹅集团的子公司。该公司的起源可追溯到1838年，乔治·帕尔默·普特南和约翰·威立在纽约创办了图书出版和发行机构威立-普特南公司。上世纪五六十年代，它因先后出版禁书《洛丽塔》和《查泰莱夫人的情人》而名噪一时。作为1996年企鹅美国出版公司和普特南-伯克利集团合并的结果，它成了美国顶级的成人和儿童一般书出版商。它的精装书出版品牌主要包括伯克利、达顿、企鹅、夜莺、新美国文库馆和维京等，以出版畅销书作家的书籍而闻名，如汤姆·克兰西、迪克·弗兰西斯、帕特里夏·康威尔、诺拉·罗伯茨等。而以出版《喜福会》闻名的华裔女作家谭恩美（Amy Tan）也是其中的一员。

2. 榜上表现

据统计，该公司的总得分9240分，占总分的19.40%；上榜1192次，占总次数的20.02%；每次得分为7.75分，低于平均值3.13%。上榜种数为242种，有36种书登上榜首62次。

名次	出版品牌	得分	次数	每次得分	种数	榜首次数
1	普特南	6559	816	8.04	164	53
2	维京	1424	175	8.14	28	7
3	达顿	855	135	6.33	31	1
4	伯克利	208	31	6.71	10	1
5	里夫黑德	124	23	5.39	5	0
6	G.P.普特南父子公司	32	5	6.40	1	0
7	企鹅出版公司	21	4	5.25	1	0
8	艾斯出版公司	17	3	5.67	2	0
	合　计	9240	1192	7.75	242	62

第三名：阿谢特图书集团美国分公司

1. 公司概况

阿谢特图书集团美国分公司（Hachette Book Group USA，HBG）诞生于2006年，是法国最大图书出版公司阿谢特集团（Hachette Livre）购买时代华纳图书出版集团（Time Warner Book Group）而来，后者主要由利特尔－布朗和华纳两部分组成。利特尔－布朗公司（Little, Brown and Company）创办于1837年，1968年被华纳公司收购。1970年，华纳传播公司创办华纳图书出版公司（Warner Books），1980年起出版精装书。1996年，利特尔－布朗公司和华纳图书出版公司合并为时代华纳图书出版集团（TWBG）。

HBG 每年出版约 500 多种成人书、180 种青少年图书和 50 种听书。2005 年，该公司出版的图书在《纽约时报》畅销书榜上出现 69 次，其中 18 次登上榜首。利特尔－布朗公司的畅销书作家包括 J. D. 塞林格、詹姆斯·帕特森、艾丽斯·西伯德、约翰·勒卡雷、迈克尔·康纳利等。华纳图书出版公司曾因出版罗伯特·詹姆斯·沃勒的《廊桥遗梦》而闻名。其最著名的畅销书作家包括尼古拉·斯派克斯、戴维·鲍尔达奇、布拉德·梅尔泽尔、道格拉斯·普雷斯顿、桑德拉·布朗等，也曾出版过美国体育明星泰格·伍兹的《我如何打高尔夫》等。

2. 榜上表现

据统计，该公司的总得分 7993 分，占总分的 16.78%；上榜 826 次，占总次数的 13.87%；每次得分为 9.68 分，超过平均值（8 分）21%，位列各大出版公司之首位。上榜种数为 95 种，有 31 种书登上榜首 83 次（见下表）。

出版社名	得分	次数	每次得分	种数	榜首次数
利特尔－布朗	4912	484	10.15	53	69
华纳	3081	342	9.01	42	14
合　计	7993	826	9.68	95	83

其中，利特尔－布朗的表现可圈可点。其总得分为 4912 分，占总分的 10.51%；上榜 484 次，占总次数的 8.13%；每次得分为 10.15 分，超过平均值（8 分）26.88%，使它成为美国含金量最高的畅销小说出版品牌。在上榜的 53 种书当中，

有22本书69次登上榜首位置。榜首停留时间最长的书是《可爱的骨头》，有14次。而登上榜首位置最多的作家是詹姆斯·帕特森，有18种书46次，2665分的总得分使他位列十大畅销作家之首。

第四名：西蒙－舒斯特公司

1. 公司概况

西蒙－舒斯特公司（Simon & Schuster, Inc.）是美国最大的图书出版公司之一，现为哥伦比亚广播公司（CBS）下属的出版分公司。1924年，它由理查德·西蒙和马克斯·舒斯特创立，最初以出版填字游戏书起家，畅销一时。1939年，他们俩和莱昂·辛金合伙成立袖珍书公司，发起平装书革命，获得极大的成功。后来该公司走上购并之路，不断地买进卖出，自己也辗转于马歇尔·菲尔德公司、湾西集团、派拉蒙传播公司、维亚康姆公司等的门下。如今，它每年出版约2000种图书，涉及原创文学作品、生活用书、儿童读物、新兴媒体出版物等，还拥有超过5万种重版书目录。其出版的图书已赢得54个普利策奖，以及众多的国家图书奖、国家书评奖等。

西蒙－舒斯特曾经是美国最大的图书出版公司，1998年所属教育出版部门（下有麦克米伦公司和普兰蒂斯·霍尔公司）出售给培生出版集团，从而大幅"瘦身"。今天，它全力集中于大众出版领域，涉及成人出版、儿童出版、听书和网络出版等,并在英国、加拿大和澳大利亚等国办有分公司。就成人出版领域而言,其出版品牌有西蒙-舒斯特、斯克里布纳、袖珍书、阿特里亚书局、自由出版社、试金石、阿拉丁、霍华德、卡普兰等。就通俗文学而言,其著名作家有斯蒂芬·金、玛丽·希金斯·克拉克、约翰·勒卡雷、桑德拉·布朗等,丹·布朗的《天使与魔鬼》也曾在阿特里亚书局出版。西蒙·舒斯特还出版与《星球大战》有关的书籍,使"星球大战"图书成为美国出版史上最畅销的系列书之一。每隔10秒,它就在全世界范围内卖出一本《星球大战》。

2. 榜上表现

据统计,该公司的总得分为4663分,占总分的5.22%;上榜634次,占总数的6.58%;每次得分为7.35分,低于平均值10.54%。在上榜的129本书中,有16本书34次登上榜首。

出版品牌	得分	次数	每次得分	种数	榜首次数
西蒙-舒斯特	1870	261	7.16	60	14
斯克里布纳	1270	158	8.04	26	13
阿特里亚书局	839	119	7.05	22	3
袖珍书	405	63	6.43	16	0
斯克里布纳/格兰特	256	26	9.85	3	4
试金石	23	7	3.29	2	0
合　计	4663	634	7.35	129	34

第五名：哈珀-柯林斯出版公司

1. 公司概况

哈珀-柯林斯出版公司（HarperCollins Publishers）是世界上最大的英语出版商之一，总部设在美国纽约，是新闻集团的子公司。1817年，它由詹姆斯·哈珀和约翰·哈珀兄弟创办，曾出版马克·吐温、勃朗特姐妹、查尔斯·狄更斯、约翰·F. 肯尼迪、马丁·路德·金等的作品。1987年，哈珀和罗公司被新闻集团购得。1990年，新闻集团又购得英国出版公司威廉·柯林斯父子公司，后者的作者包括H. G. 威尔斯、阿加莎·克里斯蒂、J. R. 托尔金等。两者整合之后改用今名。除了美国，它在加拿大、英国、澳大利亚、新西兰和印度还办有分公司。1994年到1995年间，它曾推出邓榕的《我的父亲邓小平》的英文版。

今天，哈珀-柯林斯的出版范围很广，主要重心在文学类图书和商业小说、商业图书、儿童图书、烹饪图书和神秘小说、浪漫小说、宗教小说和心理图书。年收入近10亿美元。

哈珀·柯林斯的精装书出版品牌主要有哈珀-柯林斯、威廉·莫罗、阿翁、哈珀娱乐等。阿翁主要出版浪漫小说、商业小说，哈珀娱乐出版流行文化图书，比如名人、影视、音乐、视频游戏、网络、体育和幽默等内容。威廉·莫罗以出版高质量的小说和非小说著称，其畅销书作家包括布鲁斯·菲雷尔、尼尔·史蒂文森、克里斯多弗·摩尔等。

2. 榜上表现

该社的总得分为 2485 分，占总分的 5.22%；上榜 392 次，占总数的 6.58%；每次得分为 6.34 分，低于平均值 20.75%。在上榜的 61 本书中，有 2 本书 4 次登上榜首。

出版品牌	得分	次数	每次得分	种数	榜首次数
哈珀-柯林斯	1405	203	6.92	45	3
威廉·莫罗	781	145	5.39	6	1
雷甘图书	169	21	8.05	3	0
阿翁	70	16	4.38	6	0
哈珀娱乐	60	7	8.57	1	0
合　计	2485	392	6.34	61	4

第六名：亥伯龙出版公司

1. 公司概况

亥伯龙出版公司（Hyperion Books）成立于 1991 年，是迪士尼公司下属的大众类图书出版品牌，出版通俗小说、非虚构类成人图书。它拥有米拉麦克斯（Miramax）、ESPN 图书、ABC 白天出版社、东方亥伯龙和亥伯龙听书等子公司。作者资源丰富，有米奇·艾尔邦、吉姆·福格斯、罗伯特·约翰等畅销书作家。

该社最近计划成立一家专以女性读者为对象的出版社，社名为"声音"（Voice），在明年 4 月出版名下首本新书。

该社将专注于35岁以上的女性读者,并绝不染指青春文学。

2. 榜上表现

据统计,该社的总得分为1852分,占总分的3.89%;上榜203次,占总数的3.41%;每次得分为9.12分,超过平均值14%。在上榜的18本书当中,有3本书14次登上榜首。2003年推出的《你在天堂里遇见的五个人》得分为1066分,名列十大畅销书之二。

第七名:圣马丁出版公司

1. 公司概况

圣马丁出版公司(St. Martin's Press)1952年由英国麦克米伦出版公司创建,是美国最著名的出版公司之一,现隶属于德国霍茨布林克出版集团。

圣马丁每年出版700多种书,在畅销书排行榜上经常有它的身影。它的总部设在纽约,拥有八家独立分社和六家专门的销售公司。拥有珍尼特·伊万诺维奇、艾玛·麦罗琳、杰基·科林斯、杰弗雷·阿克尔等作家。

2. 榜上表现

据统计,该社的总得分1590分,占总分的3.34%;上榜200次,占总数的3.36%;每次得分为7.95分,略低于平均值。在上榜的37本书中,有9本书登上榜首14次。其中2002

年推出的《保姆日记》得分为 356 分,名列十大畅销书之四。

第八名:FSG 出版公司

1. 公司概况

FSG 出版公司全称为法勒-斯特劳斯-吉鲁公司(Farrar Straus & Giroux)。以其正直高尚的出版导向、高度的独立性和一贯的节俭作风在美国文学出版界独树一帜。1946 年,小罗杰·斯特劳斯与约翰·法勒一起创办了法勒-斯特劳斯出版公司,后来又将总编辑罗伯特·吉罗克斯的姓氏加入其中,改为今名。它是美国最具有该社特色、最能延续其文学出版社传统的品牌。小罗杰·斯特劳斯也被誉为"美国文学帝国的守护神"。

1994 年,FSG 被售与霍茨布林克出版集团。旗下有 FSG、北角、希尔·王和菲伯尔四大精装书品牌。其中 FSG 是出版文学作品的中坚,拥有 20 位诺贝尔文学奖得主,还有重量级作家汤姆·沃尔夫、弗伦岑·乔纳森、杰弗里·尤尼金德斯、玛丽莲·罗宾逊,以及诗人谢默斯·希尼、保罗·穆尔杜、C. K. 威廉姆斯等,在非小说领域还出版了汤姆·弗里德曼的《世界是平的》(The World Is Flat),轰动一时。

2. 榜上表现

该社的总得分为 859 分,占总分的 1.80%;上榜 108 次,占总数的 1.81%;每次得分为 7.95 分,略低于平均值。在上榜的 12 本书中，有 3 本书曾登上榜首 7 次。其中 2001 年推出的《纠错》(The Corrections) 连续两年上榜，得分为 301 分，名列十大畅销书之八。

第九名：托尔出版公司

1. 公司概况

托尔出版公司（Tor Books）是汤姆多赫尔蒂联盟的出版品牌。它 1980 年创建于纽约，主要出版科幻小说和幻想文学，生产精装书和平装书。1986 年，它出售给圣马丁出版公司，成为其分社。1998 年，圣马丁归于霍茨布林克出版集团旗下，托尔成为该集团的一家独立出版社。它拥有乔丹·罗伯特、特里·哥德温、赫尔伯特·布莱恩、斯科特·卡德·奥尔逊等作家。

2. 榜上表现

该社的总得分为 840 分，占总分的 1.76%；上榜 107 次，占总数的 2.85%；平均得分为 7.85 分，低于均值 1.88%。在上榜的 21 本书中，有 3 本图书登上榜首 5 次。其中得分最高的是《黎明的十字路口》，分值是 129 分。

第十名：廷代尔出版公司

1. 公司概况

廷代尔出版公司（Tyndale House）是美国基督教小说的龙

头出版机构，1962年由肯和玛格雷特·泰勒夫妇创办。首本书《现代书信》第一次印刷了2000册。它现在主要出版虚构类、非虚构类、宗教图书和圣经等方面著作，拥有蒂姆·莱希和杰里·詹金斯、卡伦·金斯巴利、迪·亨德森、乔尔·罗森伯格等作家。

2. 榜上表现

据统计，该社的总得分为780分，占总分的1.64%；上榜92次，占总数的1.54%；每次得分为8.48分，超过平均值6%。在上榜的12本书中，有6本书曾登上榜首11次，均为蒂姆·莱希的作品，得分最高的是《不死之谜》，得分为129分。他的总得分为783分，名列十大畅销书之末。

（合作者：王少梅、姜艳艳、苗雅菡、吕珺、舒蓓、李海文，原载于2016年12月5日《中国图书商报》）

2006年美国畅销书大盘点

美国《出版商周刊》畅销书排行榜创始于1912年,在目前美国各大畅销书排行榜中历史最悠久,也最具权威性。根据版本不同和图书类别,2006年它分了13个排行榜,分别是:

1. 精装虚构类图书(Hardcover Fiction)
2. 精装非虚构类图书(Hardcover Nonfiction)
3. 一般平装书(Trade Paperback)
4. 大众市场平装书(Mass Market Paperback)
5. 虚构类听书(Audio Fiction)
6. 非虚构类听书(Audio Nonfiction)
7. 儿童图画书(Children's Picture Books)
8. 儿童虚构类图书(Children's Fiction)
9. 儿童系列书(Children's Series & Tie-Ins)
10. 宗教精装书(Religion Hardcover)
11. 宗教平装书(Religion Paperback)
12. 借阅最多的书(虚构类)(Books Most Borrowed: Fiction)
13. 借阅最多的书(非虚构类)(Books Most Borrowed:

Nonfiction）

各畅销书排行榜每周取前 15 名，按名次对畅销书赋值，第 1 名给 15 分，依次类推，第 15 名给 1 分。各排行榜出现周数（或次数）不同，因此总次数和总得分也不同。按得分多少统计出各排行榜前十名，可以充分看出 2006 年美国大众出版领域的出版重心所在以及美国大众的阅读倾向。

在各大排行榜中，精装虚构类图书、精装非虚构类图书、一般平装书、大众市场平装书显得更加重要。五大出版巨头——兰登书屋、企鹅集团美国分公司、西蒙-舒斯特公司、哈珀-柯林斯和阿歇特图书集团美国分公司控制了精装畅销书的 78%、平装畅销书的 78%。诺拉·罗伯茨、詹姆斯·帕特森、迪恩·孔茨、丹妮尔·斯蒂尔、罗伯特·B.派克、玛丽·希金斯·克拉克和尼古拉·斯派克斯是其中的风云人物，各人均有两本或以上的书上了精装书排行榜。

作家	詹姆斯·帕特森	诺拉·罗伯茨	丹·布朗
精装虚构类图书	5	4	1
上榜次数	50	18	21
榜首次数	14	1	6
一般平装书	6	16	4
上榜次数	40	89	86
榜首次数	5	10	20

最大的荣耀属于詹姆斯·帕特森、诺拉·罗伯茨、丹·布朗。自 2003 年上榜的《达·芬奇密码》到 2006 年 6 月才下榜，完全得益于同名电影的上映。而詹姆斯·帕特森本年是风

光无限，只有4周没有作品在榜，还有8周有两本书同时上榜，无人能与之抗衡。这当然得益于他与安德鲁·格罗斯、彼得·荣格、马克辛·佩特罗的良好合作。这种品牌延伸式的做法能使他的名字出现在更多的小说上，占领更多书店的书架空间，也使自己的畅销书排行榜上处于最有利的位置，当然也大大提携了合作作者。

一、美国十大虚构类畅销书

本次统计的数据来源于其精装书虚构类图书排行榜，共计51周（2006.1.2—2006.12.18），每周取前15名，总次数为765次，总得分为6120分，平均值为8分。按得分多少可统计出2006年美国十大畅销书，希望能对国内出版社引进美国畅销书版权有一定的参考价值。以下是这十大畅销书的基本情况：

名次	书名	作者	出版社	上榜次数	榜首次数	上榜名次	得分	均值
1	《达·芬奇密码》	丹·布朗	双日	21	6	1	245	11.67
2	《海滩小路》	詹姆斯·帕特森	利特尔-布朗	14	4	1	164	11.71
3	《一日重生》	米奇·艾尔邦	亥伯龙	11	5	1	157	14.27
4	《第五骑师》	詹姆斯·帕特森	利特尔-布朗	11	3	1	123	11.18

（续表）

名次	书名	作者	出版社	上榜次数	榜首次数	上榜名次	得分	均值
5	《手机》	斯蒂芬·金	斯克里布纳	11	3	1	115	10.45
6	《法官与陪审团》	詹姆斯·帕特森	利特尔-布朗	10	3	1	115	11.50
7	《最后的圣殿骑士》	雷蒙德·库利	达顿	12	0	9	114	9.50
8	《两个蓝衣女孩》	玛丽·希金斯·克拉克	西蒙-舒斯特	9	3	1	114	12.67
9	《十二点整》	珍尼特·伊万诺维奇	圣马丁	10	2	1	102	10.20
10	《丈夫》	迪恩·孔茨	短脚鸡	9	2	1	95	10.56
	合计			118	31	—	1344	11.39

前十名的得分为1344分，占总数的21.96%；次数为118次，占总数的15.42%；榜首次数为31次，占总数的60.78%。作为利特尔-布朗出版公司的台柱子，詹姆斯·帕特森同时有五本书在榜，其中4本书新上榜，在十大畅销书中占了3席。

NO.1 《达·芬奇密码》

《达·芬奇密码》（The Da Vinci Code）在2006年依然持续着它的辉煌，为丹·布朗赢得"暴发户"的美名。该书连续18周在榜，连续四周排名第一，持续15周在第4名以上，2006年5月15日下榜后又上榜三周，这才告别为期四年的辉煌。

故事讲述的是哈佛大学符号学专家罗伯特·兰登教授在法

国巴黎出差期间,得知卢浮宫博物馆年迈的馆长被人杀害于馆里。死前他将自己摆成了达·芬奇名作《维特鲁威人》中的姿势,并在尸体旁留下了难以捉摸的密码符号。兰登与馆长的孙女、密码破译专家索菲·奈芙在整理这些怪异密码的过程中,发现一连串的线索就隐藏在达·芬奇的艺术作品当中,然而却被画家巧妙地隐藏起来。兰登无意之中非常震惊地发现,已故的博物馆馆长是秘密组织郇山隐修会的成员。艾萨克·牛顿爵士、波提切利、维克多·雨果与达·芬奇等均属该组织成员。这无疑给他们的调查增加了风险。他们以他们顽强的毅力继续寻找这惊天的秘密。兰登和奈芙一直与一位始终不露面的神秘人物斗智斗勇。为让这个湮没于历史中的密码揭露于世,两位主人公竭尽全力思索探寻,最终让密码"石破天惊"。

NO.2 《海滩小路》

《海滩小路》(*Beach Road*) 是美国悬疑小说大师詹姆斯·帕特森与彼得·荣格合作,在 2006 年推出的第 2 本小说,上榜第一周就冲上榜首位置,在上榜的 14 周中 7 次在第 4 名以上。

小说一开头,就紧紧抓住了读者的心:在海滩附近的一所电影明星别墅里做清洁工的黑人女孩尼基·鲁滨逊,被房子主人的儿子强奸了。随后三个十多岁的男孩在海滩被杀。与尼基有着一半血缘关系的哥哥但丁·哈里维尔受到指控。辩护律师汤姆·丹利明知道他的当事人是无辜的,但为其辩护并不容易。因为这些案件都没有证人。当地的富豪不愿意他们的肮脏生活大白于天下。汤姆·丹利维努力请他的前女友、大律师凯特·科斯特洛出山。两人为处理此案大伤脑筋,但到何时才能理出头绪……真正的凶手是谁?故事的结尾让读者大为震惊。其中的一系列谋杀案紧张、激烈,同时还生动地描写了法庭上的戏剧性情景。

NO.3 《一日重生》

《一日重生》(*For One More Day*)是美国体育专栏作家米奇·艾尔邦(Mitch Albom)继《你在天堂里遇见的五个人》之后的又一力作,同样描述的是天堂世界,但带了些许神话色彩。而在当年,她的非虚构类畅销书《相约星期二》(*Tuesday with Morrie*)也是风靡一时。《一日重生》上榜第一周就冲上榜首位置,并于2006年10月在榜首位置待了连续4周。在榜11周均在前3名以上,平均得分在14分以上,显示出极高的含金量。

故事以一对母子为主角,他们的关系不仅体现在今生,还要发展到来世。它要探索的是:如果能与已失去的亲人再多过一天,你会做什么?主角查利还在童年时,父母就离异了,最后他选择与父亲一起生活,但在少年时代父亲离他而去。他重新回到母亲身边,在一次与父亲见面之时,母亲却死了。十年来,他失去了差不多所有的东西——工作、储蓄、家庭等,过着失意、潦倒的生活。在发现他唯一的女儿将他拒绝在她的婚礼之外时,他彻底地崩溃了。被要找回自己生活的念头驱动,他在午夜开车回到了他的故乡。他惊奇地发现母亲依然活在人世,母亲告诉他当时的难言之隐。在母亲的教诲下,查利重拾对人生的热情和方向。这多出来的一天，却改变了他的一生。

NO.4 《第五骑师》

《第五骑师》（*The 5th Horseman*）是詹姆斯·帕特森的"女子谋杀俱乐部"（Women's Murder Club）系列小说之一，与马克辛·佩特罗合作撰写。自2006年2月末以第一名上榜后，连续11周在榜，其中3次第1名，7次在第5名以上。

故事发生在美国旧金山的一家知名大医院。最近，这里出现了多起离奇死亡事件，受害者全部是身体已康复即将出院的病人。这些事件仅仅是可怕的巧合？还是上帝拿人的性命随意开的玩笑？连这个医院中全国知名的医生也不得其解。上尉林德赛·鲍克萨（Lindsay Boxer）和女子谋杀俱乐部最新成员尤柯·卡斯特拉诺（Yuki Castellano）开始联合调查此事。然而，医院行政部门为保全声誉，对调查工作千般阻挠，调查工作屡屡中断，进展缓慢。当妇女谋杀俱乐部成员的亲人也遭到同样可怕遭遇时，鲍克萨再次强烈感受到了笼罩在女子谋杀俱乐部上空的危险。危机四伏，刻不容缓，鲍克萨必须赶紧出手，否则后果不堪设想……故事的结局体现了詹姆斯·帕特森的一贯风格，总是出人意料又在情理之中。

NO.5 《手机》

《手机》（*Cell*）是美国恐怖小说大师史蒂芬·金的又一力作。它连续11周在榜，其中连续三次处于榜首位置，7次在前5名以内。

该小说借用了 2001 年 "9·11" 事件的背景，表现了世界在恐怖主义和电脑科技的威胁下的颤抖。故事发生在波士顿市区的一个愉快的十月下午，所有事情突然变得疯狂了，人们袭击陌生人，摔东西，胡言乱语。而这疯狂的一切都是通过手机传送的。任何使用手机的人都变得性情怪僻，书中描述了一个"活死人的夜晚"。在人们的骚乱、迷茫之中，甚至还有人啃噬他们的母亲或是孪生子之间的相互搏杀。小说中的主人公，抑或是作者的代言人克莱顿·里德尔是一个漫画艺术作家，他试图从长远考虑这种疯狂和因果报应。"三天前我们不仅统治着整个地球，我们让幸存者对在我们涅槃时除掉的所有物种感到愧疚。"有人说这部小说会让人害怕生命，噩梦连连，而读完之后，人们绝对会在接手机之前犹豫再三。

NO.6 《法官与审判团》

《法官与审判团》(*Judge & Jury*) 是詹姆斯·帕特森的第 37 本书，这一次的合作者是安德鲁·格罗斯。在连续上榜的 10 周中，上榜第一次就冲上榜首位置，并一待就是 4 周，有 7 次在前 5 名以内。

安迪·德戈拉斯是一个有抱负的女演员和单身母亲，但绝不是一个循规蹈矩的陪审员。为了被陪审团开除在外，她想出了种种说辞。但结果她仍旧作为一个陪审员参与了对一个声名狼藉的黑社会老大的里程碑式审判。这个案子很快成为新的世纪审判，电学家堂·多米尼克·卡维拉罗是一个黑手党头目，和数百宗惨无人道的罪行有着密切的关系。美国联邦调查局的高级特工尼克·佩里森特已经跟踪他数年，知道对方的力量远在法庭之上。但美国联邦调查局有确凿证据证明，他是一个杀人不眨眼的恶魔，他被定罪是肯定的。当陪审团准备做出裁决时，卡维拉罗做出了一个没人能够预料得到的行动。整个国家都出现了骚乱，安迪的世界也被完全打乱了，对于她来说，追捕电学家甚至成为一个个人化的行动，她和尼克结成了一个坚不可摧的联盟：他们愿为捍卫绝对的公正付出任何代价！故事充满了阴谋、讽刺、丰富的人物角色和吸引人的浪漫情调。

NO.7 《最后的圣殿骑士》

《最后的圣殿骑士》（*The Last Templar*）是美国专职剧作家与制片人雷蒙德·库利所著。一人得道，鸡犬升天。它也是《达·芬奇密码》带动的诸多相关畅销书中的一本。它连续12周在榜，只有一次是第3名，平均得分只有9.5分，是前十名中唯一未冲上榜首位置的作品。看来，跟风之作终究难成大器。

故事说的是，纽约大都会博物馆"梵蒂冈珍宝展"的开幕之夜，四名圣殿骑士装扮的蒙面人突袭而入，大肆掠夺财宝，几乎杀死了所场之人。为了寻回这批无价之宝，美国联邦调查局协同梵蒂冈派来的使节展开了对这四名骑士的大范围追捕，然而疑犯却接二连三地死于非命。这场看似单纯的劫案似乎暗藏重重玄机。年轻貌美的女考古学家特斯·蔡金是此次抢劫的幸存者，目睹了整个掳掠过程，并偷窥到骑士首领仔细挑选了一件看似平凡、实则奇特的珍品——一台古老的密码机。随后，特斯·蔡金与年轻有为的美国联邦调查局探员肖恩·莱利通力合作，展开了一场生死追踪，一路把案子追溯到了1291年的十字军东征时代。他们发现，密码机所拥有的神奇而又巨大的力量实则通向了一个让人噤若寒蝉的秘密。于是他们踏上了一条不归之路：从纽约前往梵蒂冈，途经土耳其，最终抵达希腊一个杳无人迹的荒岛。众所周知只要拥有圣殿骑士的巨大财富和那个秘密，就具备能够全盘摧毁基督教的无上能力。蔡金和莱利最终发现了那个秘密，但是在这个时候，他们做出了惊人的决定……

NO.8 《两个蓝衣小女孩》

《两个蓝衣小女孩》（*Two Little Girls in Blue*）是"美国悬疑小说之后"玛丽·希金斯·克拉克的力作。它连续9周在榜，第一周冲上榜首位置后连续待了三周，只有一次不在前五名以内。平均得分为12.67分，实力不俗。

史蒂夫和玛格丽特夫妇在庆祝完双胞胎女儿凯茜和凯莉三岁生日之后，便去了纽约参加黑领带晚餐会。当他们返回家中时，警察却已经等候多时，并告知他们的双胞胎女儿失踪了，房间里还留下一张要求800万赎金的纸条。尽管史蒂夫答应了绑匪的种种要求并支付了赎金，却只有凯莉被发现藏在一间废弃餐馆后的汽车里。司机死于枪击，同时又留下了一张纸条，上面写着：凯茜死了，尸体已经扔到大海里。但双胞胎之间的精神感应却没间断过，在为凯茜举行的葬礼上，凯莉拽着她妈妈的手臂说："妈妈，凯茜好害怕那个女人。她现在想回家来。"更多不可思议的事随后发生了，证明凯莉与凯茜是有心灵感应的。最初，除了妈妈，没有人相信双胞胎正在交流并且凯茜还活着。随着凯莉的警告越来越多得变得详细精确和使人害怕，美国联邦调查局探员开始对凯茜被害之谜进行调查。小说的最后，两姐妹被"花衣魔笛手"和他的帮凶劫持，小凯茜命悬一线，故事的高潮令人窒息。

NO.9 《十二点整》

《十二点整》（*Twelve Sharp*）是美国推理小说家珍尼特·伊万诺维奇（Janet Evanovich）推出的第十二部系列作品。她的小说名称以数字命名，与"字母天后"苏·格拉芙顿有异曲同工之妙。本书连续十周在榜，2次位于榜首，6次在前五名以内。

该小说讲述的主人公是新泽西州首府特伦顿赏金女猎人（bounty hunter）斯蒂芬尼·普拉姆。她仍与她所爱的人乔·莫莱利住在一起，尽管她还贪恋着安全专员兰格尔，然而兰格尔的真实姓名里卡尔多·卡洛斯·曼努索几乎不为人知。当兰格尔告诉她有要事要办，马上前往迈阿密时，斯蒂芬尼情绪激动，感到十分压抑。不久以后，有一个自称卡门·曼努索的女人走进斯蒂芬尼的办公室，坚持说她才是兰格尔的妻子，还说兰格尔在他们结婚6个月后就离她而去了。这件事发生在传出兰格尔绑架了他女儿的新闻之后，他的女儿法律上是属于女方及其第二任丈夫的。兰格尔回到特伦顿寻求斯蒂芬尼的帮助，以把他的女儿从一个长得很像自己的人手中抢回来。尽管对此存有疑虑，斯蒂芬尼相信兰格尔。虽然她也面临像卡门那样被杀死的危险，但为了引出绑匪她仍把自己作为诱饵。读者能够看到一个不同的心灵脆弱的兰格尔，他的自信心已经被女儿的绑架事件打击得很微弱了。然而，他没有时间沉浸在这种情绪中。由于观众了解了更多他过去的情况，他的救援就会受到一些困扰。斯蒂芬尼面临着重重危险，同时又想平衡她的感情生活。随着时钟指向 12 点整这个最后的时刻，故事的结局不是增加了幽默气氛，就是增加了紧张情绪。作者通过这种娱乐性的犯罪恶作剧来取悦她的拥趸。

NO. 10　《丈夫》

《丈夫》（*The Husband*）是美国"惊悚小说王子"迪恩·孔茨的作品。它连续 9 周在榜，连续 2 周位居榜首。

某天早晨，南加州园艺工人米切尔·拉弗提接到了一个陌生人的手机来电，声称米切尔的爱妻赫莉已遭绑架，而他要在不到三天的时间里拿出 200 万美元现金。当然，他被警告不要报警。当米切尔还在接听电话的同时，这名绑匪为了表明自己的认真态度，将米切尔的注意力引向了街对面一位遛狗男人的身上。片刻之后，那名男子被射杀了。米切尔必须要小心行事，在配合警察调查这起凶案的同时不能暴露赫莉的困境。经过多次转折、冲突和新发现之后，故事的结尾令人心惊肉跳。

二、一般平装书榜评

本统计的数据来源于 2006 年一般平装书（Trade Paperback）排行榜，共计 51 周，每周取前 15 名，总计 765 次，总得分为 6120 分。前十名总得分为 2799 分，占总数的 45.74%。以下是一般平装书前十名情况：

排名	书名	作者	出版社	上榜次数	分值
1	《追风筝的人》	卡勒德·胡赛尼	里夫黑德	50	507
2	《夜晚》	埃利·维厄瑟尔	矮脚鸡	41	446
3	《守住回忆,守住女儿》	基姆·爱德华兹	企鹅	24	368
4	《拿着剪刀奔跑》	奥古斯丁·巴勒斯	皮卡多	18	244
5	《冷血》	杜鲁门·卡波特	凡塔奇	23	239
6	《玻璃城堡》	珍尼特·沃尔斯	斯克里布纳	24	221
7	《炼金术士》	保罗·科埃略	哈珀-圣弗朗西斯科	13	208
8	《美人鱼的椅子》	苏·蒙克·基德	企鹅	22	200
9	《百万碎片》	詹姆斯·弗雷	安克尔出版社	16	193
10	《达·芬奇密码》	丹·布朗	安克尔出版社	13	173

从上表不难发现这十大平装畅销书几乎均为文学类作品。在此排行榜上,前三名可谓名副其实,其分数都远远领先于后7名。第一名《追风筝的人》(*The Kite Runner*)榜上表现尤其不俗,连续在榜115次,2006年度共上榜50次,总得分为507分,占前十名总得分的18%。《夜晚》(*Night*)也在榜11周,

得分为 446 分。

2006 年的平装版《达·芬奇密码》的表现与其精装版在 2005 年的一鸣惊人和一马当先的表现相去甚远,尽管也奋力挤进了前十,但只是屈居榜尾,且总共只上榜 13 次,总得分 173 分,与《追风筝的人》不可同日而语。

出版公司品牌表现方面主要以企鹅公司为主,第一名《追风筝的人》的"亲家"里夫黑德出版社也是企鹅旗下的出版社。另外,居第三名的《守住回忆,守住女儿》和第八名的《美人鱼的椅子》均来自企鹅公司。

三、大众市场平装书榜评

本统计数据来源于 2006 年大众市场平装书(mass market paperback,也称"廉价书")排行榜,共计 51 周,每周有前 15 名,总计 765 次,总得分为 6120 分,共有 181 种图书上榜。以下是大众市场平装书前十名情况:

排名	书名	作者	出版社	上榜次数	得分
1	《天使与魔鬼》	丹·布朗	袖珍书	36	388
2	《达·芬奇密码》	丹·布朗	安克尔出版社	22	264
3	《时尚女魔头》	劳伦·威斯伯格	安克尔出版社	16	188
4	《掮客》	约翰·格里沙姆	戴尔	14	156
5	《艺伎回忆录》	亚瑟·高登	凡塔奇	15	146

(续表)

排名	书名	作者	出版社	上榜次数	得分
6	《莫里根的十字架》	诺拉·罗伯茨	朱庇特	13	132
7	《骆驼俱乐部》	戴维·鲍尔达奇	华纳视野	11	111
8	《骗局》	丹·布朗	袖珍书	13	108
9	《救生员》	詹姆斯、帕特森、安德鲁·格罗斯	华纳	10	108
10	《玛丽,玛丽》	詹姆斯·帕特森	华纳视野	9	107

这十本书共上榜159次,约占全年上榜次数的21%。从榜上看,丹·布朗共有三本书跻身前十名。位居首位的是丹·布朗的《天使与魔鬼》,2006年得分为388分,共上榜36次,约占全年廉价书上榜次数的5%。而其精装版本自2004年上榜至今,就从来没有登上过精装虚构类图书排行榜的榜首。与其精装版相比,平装书可能因为其价格低廉,榜上表现较为出色,此次终于登上第一名的宝座。位居第二名的是《达·芬奇密码》,全年得分是264分,共上榜22次。虽然列居第二,但与精装书的多次居榜首相比,平装书的榜上表现就很一般了。除了上述提到的两本外,还有一本《骗局》,排名第八。另外,约翰·格里沙姆的《掮客》也位居第四,詹姆斯·帕特森也因有《救生员》和《玛丽,玛丽》而两次登上排行榜。

四、虚构类听书榜评

本统计数据来源是2006年虚构类听书（Audio Fiction）排行榜，共计12次，每次取前15名，总计180次，总得分为2160分。以下是虚构类听书前十名情况：

排名	书名	作者	出版社	上榜次数	分值
1	《哈利波特与"混血王子"》（未删节，CD）	J. K. 罗琳	兰登书屋听书公司	12	81
2	《"S"是为沉默》（未删节，CD）	苏·格拉芙顿	兰登书屋听书公司	8	74
3	《海滩小路》（未删节，CD）	詹姆斯·帕特森、彼得·荣格	时代华纳听书公司	5	69
4	《达·芬奇密码》（未删节，CD；电影版）	丹·布朗	兰登书屋听书公司	4	69
5	《两个蓝衣小女孩》（删节，CD）	玛丽·希金斯·克拉克	西蒙－舒斯特听书公司	5	64
6	《骆驼俱乐部》（未删节，CD）	大卫·鲍尔达奇	时代华纳听书公司	6	56
7	《时尚女魔头》（删节，CD）	劳伦·威斯伯格	兰登书屋听书公司	5	54
8	《玛丽，玛丽》（未删节，CD）	詹姆斯·帕特森	时代华纳听书公司	6	52

(续表)

排名	书名	作者	出版社	上榜次数	分值
9	《达·芬奇密码》（未删节，CD）	丹·布朗	兰登书屋听书公司	4	48
10	《掮客》（删节，CD）	约翰·格里沙姆	兰登书屋听书公司	2	42

2004 年出版的《哈里·波特与混血王子》（*Harry Potter and the Half-Blood Prince*）不但纸质版的销量令人难望其项背，其听书的市场表现也十分强劲，在为数总共 12 次的排行榜上，不仅榜榜有其名，而且每次的排名也都不差。《达·芬奇密码》仍是不甘平庸，听书第四名和第九名都是源自于它，其中一个是电影版。与《达·芬奇密码》电影版听书不分上下的《海滩小路》同样获得 69 分。

此排行榜上出版品牌被三家公司"瓜分"，分别是兰登书屋听书公司（Random House Audio）、时代华纳听书公司（Time Warner AudioBooks）和西蒙-舒斯特听书公司（Simon & Schuster Audio）。其中主要以兰登书屋为主，本排行榜中十中有六是出自兰登书屋听书公司，时代华纳听书公司出了三本，还有一本来自西蒙-舒斯特听书公司。

五、儿童虚构类榜评

本统计数据来源于 2006 年儿童虚构类（children's fiction）排行榜，此榜每月排名一次，共计 11 次，每次有前 15 名，总计 165 次。总得分为 1319 分，共有 51 种图书上榜。以下是儿童虚构类畅销书前十名情况：

排名	书名	作者	出版社	上榜次数	得分
1	《龙骑士》	克里斯多夫·鲍里尼	克诺夫	11	116
2	《长老》	克里斯多夫·鲍里尼	克诺夫	11	114
3	《我爱猫头鹰》	卡尔·希尔森	克诺夫	11	105
4	《浪漫鼠佩德罗》	凯特·迪卡米洛	卡德威克	7	71
5	《爱德华的神奇旅行》	凯特·迪卡米洛	卡德威克	8	70
6	《彼得与影子贼》	达夫·巴利、里德雷·皮尔逊	迪斯尼版本	5	57
7	《最大的坐骑：天使实验》	詹姆斯·帕特森	利特尔-布朗	5	47
8	《最大的坐骑：永远放学》	詹姆斯·帕特森	利特尔-布朗	4	46
9	《偷书贼》	马尔库斯·祖萨克	克诺夫	8	46
10	《碎步》	路易斯·萨查尔	戴拉克特	4	44

这十本书共上榜 63 次，约占全年上榜次数的 38%，可见儿童虚构类畅销书的集中度是较高的。从上表可以看到，克诺

夫、卡德威克、利特尔-布朗等出版社表现不凡。其中，克诺夫就有4本书登上了排行榜的前十名。它们分别是居排行榜前三位的《龙骑士》、《长老》和《我爱猫头鹰》，还有居第九位的《偷书贼》。卡德威克和利特尔-布朗也分别有两本书进入前十名。其中，由前者出版的《最大的坐骑：天使实验》（Maximum Ride：The Angel Experiment）和《最大的坐骑：永远放学》（Maximum Ride：School's Out—Forever）两书的作者也是著名的畅销书作家詹姆斯·帕特森。

六、借阅虚构类榜评

本统计的数据来源于借阅小说（Borrowed Fiction）排行榜，时间跨度为2006整年，共计20次，每次取前15名，总计300名，总得分为2400分。以下是借阅虚构类前十名情况：

排名	书名	作者	出版社	上榜次数	分值
1	《玛丽，玛丽》	詹姆斯·帕特森	利特尔-布朗	20	226
2	《掠食者》	帕特里夏·康威尔	普特南	21	189
3	《第五骑师》	詹姆斯·帕特森	利特尔-布朗	13	178
4	《"S"是为沉默》	苏·格拉芙顿	普特南	15	175
5	《第一眼》	尼古拉·斯派克斯	华纳	16	149

(续表)

排名	书名	作者	出版社	上榜次数	分值
6	《达·芬奇密码》	丹·布朗	双日	41	144
7	《骆驼俱乐部》	大卫·鲍尔达奇	华纳	17	139
8	《时尚女魔头》	劳伦·威斯伯格	双日	8	112
9	《守住回忆,守住女儿》	基姆·爱德华兹	企鹅	7	96
10	《蓝烟》	诺拉·罗伯茨	企鹅	11	70

作家表现方面以"常青树"和"暴发户"们占据主要地位。詹姆斯·帕特森共有6本书上榜,总得分为544分,占总分的22.7%,排名第1;帕特里夏·康威尔共有2本书上榜,总得分为210分,占总分的8.8%,排名第2;苏·格拉芙顿同有1本书上榜,总得分175分,占总分的7.3%,排名第3;尼古拉·斯派克斯共有2本书上榜,总得分153分,占总分的6.4%,排名第4;丹·布朗有1本书上榜,总得分144分,占总分的6%,排名第5。

出版公司品牌表现方面主要以利特尔-布朗、普特南等为主。利特尔-布朗总得分645分,占总分的26.9%,排名第1;普特南总得分为523分,占总分的21.8%,排名次之;华纳总得分为302分,占总分的12.6%,排名第3;双日总得分为256分,占总分的10.7%,排名第4;企鹅公司总得分为96,占总分的4%,排名第5。

1. 精装非虚构类（略）

2. 非虚构类听书（略）

3. 儿童图画书（略）

4. 儿童系列书（略）

5. 宗教精装书（略）

6. 宗教平装书（略）

7. 借阅最多的书（非虚构类）（略）

（合作者：李海文、舒蓓、吕珺、樊文静，原载于 2007 年 1 月 16 日《中国图书商报》）

2007年度美国十大畅销小说

作为美国三大著名畅销书榜之一,《出版商周刊》畅销书榜有13个类别之多。本文选取的是精装书虚构类(Hardcover Fiction)排行榜。为统计的方便,按每周公布的畅销书排行榜15名,以名次对畅销书赋值,第1名给15分,依次类推,第15名给1分。平均分中值为8分(第8名)。统计时间为2007年1月1日到12月24日。按得分多少统计出对2007年度畅销小说、畅销书作家和畅销书出版社的排名,就此可以管窥2007年美国小说出版领域和大众小说阅读的明显特征。

据统计,2007年度精装虚构类畅销书排行榜共计52周、780次、6240分。

就出版社而言,2007年上榜的畅销精装小说出版品牌有46个,而六大出版巨头——企鹅集团美国分公司、兰登书屋、阿歇特图书集团美国分公司、西蒙-舒斯特公司、哈珀-科林斯和圣马丁出版公司就占了33个(71.74%),而它们在分值、种数、次数、榜首次数、作家数五大指标上各占总数的90.98%、92.15%、93.86%、90.12%、91.07%,充分体现了它们在此畅销书榜上绝对的统治地位。

就作家而言，2007 年上榜的作家共有 163 个。詹姆斯·帕特森、卡勒德·胡赛尼、米奇·艾尔邦、珍尼特·伊万诺维奇、尼古拉·斯派克斯、朱迪·皮考特、约翰·格里沙姆、丹妮尔·斯蒂尔、克里夫·库斯勒十位作家以 23 种书上榜，其种数却占了总数的 36.23%，次数占了总数的 27.69%，榜首次数占了总数的 78.85%。最大的荣耀属于"美国惊悚小说之王"詹姆斯·帕特森，他有 6 本书在榜，比去年还多了一本，是利特尔-布朗公司绝对的台柱子。而当年能与比肩的丹·布朗、约翰·格里沙姆，前者因未及时推出新书而了无踪影，后者也已是风光不再。怪不得国内某出版社在引进帕特森的畅销书时，在封面上写上"詹姆斯·帕特森 PK 丹·布朗"的广告语，帕特森是如何的不屑一顾。如果说前者是"恒星"，后者就是"流星"；前者是"常态"，后者就是"变态"；前者是"常青树"，后者就是"暴发户"。

就畅销书而言，去年共有 191 种小说上榜，其中位列 2007 年美国十大畅销小说的如下：

排名	书名	出版社	作者	分值	榜首次数	次数
1	《灿烂千阳》	里夫黑德	卡勒德·胡赛尼	386	11	30
2	《一日重生》	亥伯龙	米奇·艾尔邦	229	3	24
3	《一夜情》	利特尔-布朗	詹姆斯·帕特森	143	2	12

（续表）

排名	书名	出版社	作者	分值	榜首次数	次数
4	《十九分钟》	阿特里亚	朱迪·皮考特	137	4	13
5	《为薄饼而战》	双日	约翰·格里沙姆	136	3	12
6	《选择》	大中央	尼古拉·斯派克斯	114	0	12
7	《千钧一发》	利特尔-布朗	詹姆斯·帕特森	113	2	10
8	《胡林的儿女》	霍顿-米夫林	J.R.R.托尔金	113	1	15
9	《克罗斯》	利特尔-布朗	詹姆斯·帕特森	111	0	11
10	《无尽的世界》	达顿	肯·弗莱特	110	1	11
合计				1592	27	150

注：《一夜情》和《千钧一发》均为詹姆斯·帕特森和迈克尔·莱德威奇合著。

从以上可以看出，这10本畅销小说的总得分是1592分，占总分的25.51%；总次数为150次，占总数的19.23%；榜首总次数为27次，占总数的51.92%。与上年相比，前10名的得分、次数的比重分别增长3.55、3.81个百分点，榜首次数减少8.86个百分点（4次）。与上年一样，詹姆斯·帕特森占了三席，而米奇·艾尔邦以同一本书《一日重生》再次占据一席。

第一名：《灿烂千阳》

一、榜上表现

《灿烂千阳》（*A Thousand Splendid Suns*）是卡勒德·胡赛尼继《追风筝的人》之后的又一力作。它在 2007 年 6 月 4 日首次上榜便荣登榜首，到 12 月 24 日时仍保持着第三名的成绩，看来仍有希望在 2008 年的畅销书榜上待上一段时间。在其上榜的 30 周里，共有 19 次进入前三名，更有 11 次位居榜首，占榜首总数的五分之一。本书平均分为 12.87 分，比平均分中值（8 分）高出 60.88%。此外，《灿烂千阳》的分数占总数的 6.81%，其上榜次数也占到总数的 3.84%，可见其在有限的上榜次数中次次名列前茅。

《灿烂千阳》现在全球销量已突破 600 万册。该书中文版权已于 2007 年 8 月被世纪文景公司引进并推出，创下国内引进中文版的最快纪录。这表明国内顶尖出版社已经紧扣世界畅销书出版的脉搏。

二、内容简介

《灿烂千阳》是一个发生在阿富汗的故事，以两个阿富汗的女子玛丽亚姆和莱拉为主角，一个是身份卑微的私生女，单纯而善良；一个是受过良好教育、被父亲疼爱的女儿，聪明而漂亮。玛丽亚姆在母亲死后，被继母嫁给了狡猾而又暴虐的鞋匠希拉德，但不能生育的玛丽亚姆根本不能满足只为传宗接代而娶妻的希拉德。残酷的战争使莱拉成为了孤儿，又和情人失去联络，不得已嫁给早已看中她的希拉德。同一屋檐下的两个女人开始时还互相猜忌厌恶，但莱拉的一次不经意的关心却让从未被父亲以外的人关心过的玛丽亚姆敞开了心扉。随着莱拉生下曾经的情人的女儿，丈夫也逐渐露出了非打即骂的野蛮真面目。因为贫困的家境，莱拉的女儿被送进了修道院。在没有男人陪同下女人连门都不能出的阿富汗，玛丽亚姆和莱拉冒着遭到毒打的威胁仍然坚持去修道院看望女儿。面临着生活的绝望，莱拉曾经的情人——塔里克出现了。他带来了希望，仿佛许久不见的太阳。然而玛丽亚姆和莱拉仍然无法摆脱希拉德的摧残。在得知塔里克到来后，希拉德变本加厉地毒打着莱拉。眼看着莱拉要被打死，被逼至绝境的玛丽亚姆杀死了希拉德。之后，选择留下的玛丽亚姆被警察处死。莱拉和塔里克带着两个孩子在安全的地方过上了平实的生活，但她的内心却一直不能平静。战争结束后，莱拉来到玛丽亚姆的家。在玛丽亚姆从小生活的泥屋里，莱拉终于能够释怀，并成为修道院学校里第一个女老师，受到当地人的尊敬。

三、评价

　　这部小说之所以如此生动和引人注目，是因为胡赛尼关注日常生活，他有能力描绘出人类的全部感情。

——《洛杉矶时报》

这部让人不忍释卷的书,即使铁石心肠的人也会为之哭泣,读者随玛丽亚姆和莱拉的痛苦而痛苦,为她们短暂的快乐而高兴。

——美联社

第二名:《一日重生》

一、榜上表现

相信看过以前畅销书榜的人对《你在天堂里遇见的五个人》并不陌生,而我国读者对更早的《相约星期二》更是耳熟能详。去年,它们的作者米奇·艾尔邦带来她的另一部力作《一日重生》(For one more day),反响不俗。本书上榜第一周就冲上榜首位置,并于 2006 年 10 月在榜首待了连续 4 周。在榜 11 周均在前三名以上,平均得分在 14 分以上,位列去年美国十大畅销小说第三名,显示出极高的含金量。而这种良好的势头又延续到 2007 年,到 7 月份才下榜,连续上榜 12 周。由于良好的反响,2007 年 12 月份又上榜 3 周。2007 年它的榜首次数 3 次,前三名有 8 次,前五名有 11 次。分值高达 229 分,上榜次数 24 次,平均分值达到 9.54 分,比平均分中值高出 19.25%。

《一日重生》已被选为"星巴克图书休闲计划"的第一本书,美国星巴克希望借此传递爱与温馨。据尼尔森的统计数据,《一日重生》已经售出 31.9 万册。该书中文版于 2007 年 3 月被我国台湾大块出版公司引进,2007 年 4 月上海译文出版社也已翻译出版。

二、内容简介

作为一部神话小说,《一日重生》与《你在天堂里遇见的五个人》有异曲同工之意,但比它更富有神话色彩。故事以一对母子为主角,他们的关系不仅维持了今世,更在一个来世的时空中相会。童年时代的主人公查利因父母的离异,必须在父亲的要求下做出跟父亲或是母亲生活的决定,最后他选择了父亲,不过父亲却在他年少时抛弃了他。他重新回到母亲身边,在一次与父亲见面之时,母亲却死了。十年来,他心中带着愧疚,过着潦倒的生活。正当他想要寻死之际,却发现母亲依然活在人世,母亲告诉他当时的难言之隐。在母亲的教诲下,查利重拾对人生的热情和方向。这多出来的一天,却改变了他的一生。这是一部带有神话色彩的小说,主调还是保有积极向上、温馨、平实的写作特点,小说情节的主色调非常明快。

三、评价

艾尔邦有能力让你情不自禁地哭泣。

——《波士顿环球报》

艾尔邦用洞察力和同情在写作。

——鲍勃·科斯塔斯

第三名:《一夜情》

一、榜上表现

《一夜情》(*The Quickie*)是 2007 年下半年詹姆斯·帕特森(James Patterson)和迈克尔·莱德威奇(Michael Ledwidge)合作推出的又一本悬疑小说力作。它于 2007 年 7 月 2 日上榜,两周后就上了畅销书榜的榜首,并且连续两周独占鳌头,连续上榜 12 周,2007 年 10 月 1 日下榜时还保持着第十名的成绩。位居前三名 6 次,上榜次数 12 次,总分值为 143 分。平均分中值为 11.92 分,比平均分中值高出 49%,可谓来势不小。

二、内容简介

本书讲述的是关于美国纽约警察局的一名警探劳伦·史迪威的故事。美丽的女警探劳伦·史迪威和其他女人一样,她生活在自己的梦里:她有一个钟情的丈夫、一个美丽的家和一份崇高的工作。劳伦拥有这一切,直到梦破碎的那一天。当劳伦随意询问丈夫的午餐情况时,丈夫撒谎了。劳伦后来发现丈夫和一名女子一同离开了酒店,那一刻劳伦的心碎了。劳伦决定如法炮制,用一夜情来报复老公的不忠和背叛。然而,她的激情一夜却是致命的,出轨的当晚她目睹了一起残忍谋杀。劳伦的报复使自己陷入险境,她必须不惜一切代价揭开事情真相,来挽救她的工作、她的婚姻和她的生活。

有评论家认为,《一夜情》不仅是帕特森最好的小说之一,也是 2007 年最好的惊悚小说之一。如此多的情节交织在一起,即使是最挑剔的读者也会受到深深的震撼。

三、评价

詹姆斯·帕特森再一次证明了他的大师地位。"不要错过这个人"确实是极好的评价。

——亚马逊网站

这是一部帕特森式的经典作品,而今年夏天它肯定会涌向书架。

——Arm ChairInterviews. com

第四名:《十九分钟》

一、榜上表现

《十九分钟》(Nineteen Minutes)是曾被《华盛顿邮报》誉为"大师级作家"的美国女作家朱迪·皮考特的第十四部作品,由阿特里亚公司 2007 年 3 月 5 日推出,3 月 19 日刚上榜就冲上了榜首,连续两周稳坐榜首之位。本书上榜 13 次,6 月 11 日下榜时排名第十三。共有 4 次位居榜首,位居前三名 6 次,次数 13 次,总分达到 137 分,平均分值为 10.54 分,比平均分中值高出 31.75%，表现不错。

二、内容简介

作者取材青少年暴力犯罪这个沉重的当今话题，讲述了关于斯特林中学一起案件的故事。斯特林是新罕布什尔州一座普通的小镇，一天早晨，它的平静被一连串的枪声打破了。在斯特林中学的自助餐厅，17 岁的高中生彼得·霍顿持枪打死 10 人，打伤多人。他的暴行持续了 19 分钟。彼得为何会犯下如此暴行呢？原来，彼得多年来一直受到同班同学的欺辱和打骂。他最好的朋友琼斯·柯米尔，屈服于其他同学的压力，也渐渐疏远他。所有的这一切一步一步把彼得推向疯狂报复的犯罪边缘，一个意外的事件让彼得情绪如决堤的洪水暴发，惨剧因此而发生。琼斯的母亲亚历克斯·柯米尔是高等法院的法官，她将负责彼得案件的审理，这是她职业生涯中所遇到的最大案件。作为目击证人，琼斯声称她不记得在彼得暴行的最后致命几分钟内发生了什么。与此同时，彼得的父母拉斯和路易丝·霍顿，也在不停地反思是什么促使他们的儿子走到这样的极端……

《十九分钟》对美国社会和民众的心理进行深入剖析，是一部吸引人的、尖锐的、发人深省的小说。

三、评价

这是皮考特的第十四部作品，可能是她最好的，特强烈推荐。

——《图书馆杂志》

皮考特女士的书被如此广为阅读是有原因的……这些小说具有肥皂剧的要素,它们总是有着令人欣慰的结局。

——《纽约时报》

第五名:《为薄饼而战》

一、榜上表现

《为薄饼而战》(Playing for Pizza)是美国律师小说大家约翰·格里沙姆沉寂一时后重磅推出的一部小说。2007年10月8日刚上榜就冲上了榜首位置,显示出很强的实力。截至12月24日,连续上榜12周;位居榜首3次,总分为136分,平均分值为11.33分,比平均分中值高出41.63%。在2008年,此书应该会延续一段时间。

二、内容简介

故事发生在意大利。薄饼是当地人认为和花生一样不值钱的东西。花生是最便宜的东西,如果说是为了花生做事,那就是什么都肯干的意思。本书描写一个美式足球球员里克在一次大赛中失足,变成天大的笑话。他只会踢足球,在美国再也无法找到工作。在其经纪人的帮助下,里克跑到意大利的帕尔玛,为除了喜爱英式足球也对美式足球感兴趣的意大利足球队作战。这本书对球赛的描写也反映了意大利的饮食和宗教文化。

这是一贯以律师小说见长的格里沙姆在 2006 年推出冤狱纪实非小说《无辜之人》之后的又一次"变招"。他在接受采访时说此举是想尝试一下不同的题材,轻松一下而已。

三、评价

为格里沙姆又加了一分。作为一个故事叙述者,这个鱼出水的故事完全符合他的长处。

——《今日美国报》

令人愉快的喜剧。一个令人极度满意的故事。

——《波士顿环球报》

迷人!这是作者给意大利的情书。

——《出版商周刊》

第六名:《选择》

一、榜上表现:

《选择》(*The Choice*)2007 年 10 月 8 日以第二名的排名首次上榜,连续 12 周榜上有名,截至 12 月 24 日仍然在排行榜上拥有一席之地。虽然未曾占据榜首位置,但目前以 2 次亚军、2 次季军、1 次第五名的突出表现获得 114 分的良好成绩。平均得分 9.5 分,比平均分中值高出 18.75%。

二、内容简介

《选择》是美国"浪漫小说天王"尼古拉·斯派克斯的一部力作,保持了其悲情缠绵的一贯文风。本书主要讲述了一个关于乡村兽医的感人故事。故事的主人公特拉维斯·帕克虽然有着薪水丰厚的工作、感情深厚的朋友,甚至也有滨水地区条件优渥的住房,但却从未找到可以共度一生的心仪女子。然而世事难料,一直渴望真爱的帕克爱上了新搬来的女邻居加贝·霍兰德,但她竟然已经身为人妇。面临着自己来之不易但却前途渺茫的爱情,面临着对方原本美满的婚姻和家庭,艰难的选择终将来临……

三、评价

本书同尼古拉·斯派克斯其他的作品一样,它们之所以畅销不衰,就在于作者在书中所设计的主人公总是坚定地寻求符合其自然本性的生活,追求浪漫情调和诗意的人生,并且始终保持着生命的激情。

——尼古拉·斯派克斯官方网站

第七名:《千钧一发》

一、榜上表现

《千钧一发》(Step on a Crack)是詹姆斯·帕特森与迈克

尔·莱德威奇合作的一本惊悚小说，于2007年2月19日上榜，直接占据榜首两周，之后仍有两次位居第二名。本书共上榜10次，有七次在前五名之内，直至4月9日下榜。得分与《胡林的儿女》一样，为113分。平均得分11.3分，高出平均分中值41.25%。

二、内容简介

《千钧一发》延续的还是帕特森那套最经典的情节构造模式。在备受尊敬的第一夫人去世后，举国悲恸。在将要举行的葬礼上，全世界的名流都聚集到了纽约的下葬地点。然而难以置信的是，此时出现了一位冷血杀手，他扣押了34位人质，包括亿万富翁、政要、影星，并开始了一场华丽而残忍的游戏。侦探迈克尔·班尼特要去救出这34位人质，而其中还包括了他的养子。这是迈克尔所面临的情况最危险的一次行动，残忍的杀手杀人毫不留情，且人质都是社会上极富影响力的人物。他必须承担起整个社会的责任，找到解决的方法。而此时他深爱的妻子正和癌症斗争着，他很可能要独自一人抚养孩子。在生活受到巨大冲击下，为了社会的正常秩序，迈克尔仍然恪守职业道德，完成了自己的使命。

三、评价

畅销书作家詹姆斯·帕特森构造了一个奇异的故事。

——《出版商周刊》

《千钧一发》仍是詹姆斯·帕特森一贯的特色，有着标志的短小章节和令人震惊的情节,如灾难性的井喷般顺畅地涌现。

——Bookloons

第八名:《胡林的儿女》

一、榜上表现

《胡林的儿女》(*The Children of Hurin*)共上榜 15 周。2007 年 4 月 30 日刚上榜就冲上了榜首位置,此后连续 12 周在榜,下榜一周之后又重新上榜两周,以第 12 名下榜。位居榜首 1 次,总分为 113 分,平均分值为 7.53 分,比平均分中值低了 5.9%。但对 J. R. R. 托尔金(1892—1973)这样一个无法去巡回宣传、到处造势的已逝作家实属不易。

二、内容简介

《胡林的儿女》这部托尔金有生之年未完成、其子编辑的作品终于问世,万千《霍比特人》和《指环王》的奇幻迷们再次沸腾。故事取材于欧洲的远古神话,经过托尔金的妙笔生花,故事叙述的干净利索,更有着优美的韵律和节奏,虽然不长,但情节紧凑,富有张力,几乎所有的奇幻元素都囊括其中,黑暗的君王、命定的英雄和巨龙们同台上演着一段悲情传奇。故事围绕着胡林一族不幸而又无法抗拒的悲剧命运而展开,主人公图林和尼诺尔,出生在人类和侏儒联合抵抗黑暗君王莫高斯的中古时代,他们的父亲胡林在与莫高斯作战时被俘,由于对莫高斯的公然讥笑和蔑视,胡林和他的子孙们受到了恶毒的诅咒,他只能眼睁睁地注视着自己家族的慢慢陨落。

三、评价

《胡林的儿女》讲了一个伟大的、史诗般的故事,让人想起托尔金在创造一个想象世界方面无与伦比的天才。这个世界既反映又加深了我们对自己的传奇历史的感悟。

——《华盛顿邮报》

一个完美的、生动的、值得一读的故事。

——联合通讯社

第九名:《克罗斯》

一、榜上表现

《克罗斯》(*Cross*)早在 2006 年上榜时就有不俗的表现。2007 年 1 月 1 日以亚军亮相,并且连续 11 周榜上有名,直到 2007 年 3 月 12 日以第 14 名的排名下榜次。以 1 次亚军、4 次季军、1 次第四、1 次第五的良好表现为《克罗斯》获得 111 分的好成绩。平均得分 10 分,比平均分中值高出 25%。

二、内容简介

作为帕特森畅销的亚力·克罗斯（Alex Cross）侦探系列小说之一，《克罗斯》讲述的是美国联邦调查局警探亚力·克罗斯的又一次冒险经历。克罗斯的妻子在他的眼前遭狙击手射杀，凶手却逃之夭夭。数年以后，克罗斯从另一桩案子中发现了妻子被害的线索，惊险的破案就此开始。据评论家分析，《克罗斯》的书名具有一语双关的含义。"Cross"既代表了本书主人公的名字，又隐含了故事主角在侦破犯罪谜团过程中所面临的一个又一个"十字路口"。

三、评价

你会发现很难从《克罗斯》一书里走出来，詹姆斯·帕特森用400页的小说创造出一道美味的盛宴，引导你进入一个又一个刺激非常的场景。《克罗斯》再次证明了为什么詹姆斯·帕特森的作品在全世界拥有40种语言的版本，成为一个世界级的主流作家。

——Buddy Hollywood.com

第十名：《无尽的世界》

一、榜上表现

《无尽的世界》（*World Without End*）2007年10月22

日一上榜就冲上榜首位置，此后连续 10 周上榜，到 12 月 24 日还未下榜，应该还会在 2008 年持续一段时间；位居榜首 1 次，总分为 110 分，平均分值为 10 分，高于平均分中值 25%。

二、内容简介

《无尽的世界》是肯·弗莱特继 1989 年轰动一时的《地球的柱子》写的人们最期望的史诗小说续集。本书讲述了一个有关中世纪英国金斯布里奇市的故事。在 1327 年万圣节前夕的一天，四个孩子从大教堂溜走。他们是一个小偷、一个欺凌弱小者、一个很聪明的男孩和一个想要当医生的女孩。在森林中，他们见到两个男人被杀……长大成人后，他们的生命将会被野心、爱、贪欲和报仇所埋没，他们将会见到繁荣和饥荒、瘟疫和战争。一个男孩将会旅行世界但是最后还是回家；另一个男孩将成为一个强大又腐败的贵族；那个女孩将会藐视中古教堂；最后一个将会去追求不可能的爱。但是他们将会永远活在孩童时期目击那不明原因的谋杀的阴影下。

三、评价

对于肯·福莱特来说，这是怎样的一周！他的新书——《无尽的世界》登上了精装书排行榜的第一名。

——《出版商周刊》

一直呼吁续集的《地球的柱子》的支持者们不会失望

了。《无尽的世界》带有原著的所有阴谋与浪漫,它值得18年的等待。

——《纽约每日新闻》

(合作者:贾骥、江一常、廖雨薇、朱郁菲、江淼、郭燕,原载于2008年1月1日《中国图书商报》)

四大出版公司垄断美国畅销小说市场

为了解到底是哪些出版公司在统治着当今的美国畅销小说市场,本文选取美国《出版商周刊》精装书小说类(Hardcover Fiction)排行榜。按每周公布的排行榜前15名,以名次对畅销书赋值,第1名给15分,依次类推,第15名给1分。统计时间为2007年1月1日到12月24日。据统计,2007年度精装小说类畅销书榜共计52周、780次、6240分。按得分排名统计,精装畅销书出版品牌(Imprint)有47个,将其中一些出版品牌按大公司归并计算,总计有19家,包括163个作家(只计算第一作者)创作的191种畅销书。

出版公司	分值	作家	出版品牌	种数	次数	榜首次数
企鹅集团美国分公司	1701	38	7	45	198	16
兰登书屋公司	1413	48	13	54	192	4
阿歇特图书出版集团美国分公司	1149	10	3	17	123	15
西蒙—舒斯特公司	610	20	5	24	83	7

(续表)

出版公司	分值	作家	出版品牌	种数	次数	榜首次数
哈珀-柯林斯	428	22	3	22	62	0
圣马丁	372	10	3	12	45	6
亥伯龙	229	1	1	1	24	3
霍顿·米弗林	115	2	1	2	16	1
合　　计	6017	151	36	177	743	52

其中,"第一阵营"包括四大出版公司:企鹅集团美国分公司、兰登书屋公司、阿歇特图书出版集团美国分公司、西蒙—舒斯特公司,分值都各在500分以上,前三者更是高达1000分以上。合计所得分值为4873分、下属作家116个、出版品牌28个、畅销书140种、次数596次、榜首次数42次,分别占总数的78.09%、71.17%、59.57%、73.30%、76.41%、80.77%。目前,这四大出版公司有三家为外国人控制。企鹅集团美国分公司隶属于英国培生集团,兰登书屋属于德国出版巨头贝塔斯曼,阿歇特图书出版集团美国分公司则归属于法国的拉加德尔集团。

"第二阵营"包括哈珀-柯林斯、圣马丁、亥伯龙和霍顿·米弗林,分值各在100分到500分之间。合计所得分值为1144分、下属作家35个、出版品牌8个、畅销书有37种、次数147次、榜首次数10次,分别占总数的18.33%、21.47%、17.02%、19.37%、18.85%、19.23%。

剩余的11家出版品牌归入"第三阵营",分值各在100分以下。合计所得分值为 223 分、下属作家 12 个、出版品牌 11 个、畅销书 14 种、次数 37 次、榜首次数 0 次。

以下重点介绍位列"第一阵营"的四大出版公司的概况和榜上表现：

第一名：企鹅集团美国分公司

企鹅集团美国分公司（Penguin Group USA Inc.）是国际出版巨头培生公司下属企鹅集团的子公司。该公司可追溯到 1838 年，乔治·P. 普特南和约翰·威立在纽约创办了图书出版发行机构威立·普特南公司。1996 年，作为企鹅美国出版公司和普特南-伯克利集团合并的结果，它成了美国顶级的成人和儿童一般书出版公司。它的出精装书版品牌主要包括普特南（Putnam）、伯克利（Berkley）、里夫黑德（Riverhead）、达顿（Dutton）和维京（Viking）等，旗下有众多畅销书作家，如汤姆·克兰西（Tom Clancy）、哈兰·科本（Harlan Coben）、阿瑟·米勒（Arthur Miller）、克里夫·库斯勒（Clive Cussler）、凯瑟琳·科尔特（Catherine Coulter）、卡勒德·胡赛尼（Khaled Hosseini）、帕特里夏·康威尔（Patricia Cornwell）、诺拉·罗伯茨（Nora Roberts）、肯·弗莱特（Ken Follett）、苏·格拉夫顿（Sue Grafton）等。还有以《谁动了我的奶酪》而闻名的斯宾塞·约翰逊博士（Spencer Johnson，M. D.），以及像托妮·莫里森（Toni Morrison）这样的世界级作家。

而今，它应该感到自豪的是能将卡勒德·胡赛尼收归旗下。他本以《追风筝的人》而成名，而第二本小说《灿烂千阳》也表现不俗，以 386 分拿下 2007 年美国畅销小说首位，在榜 30 周，11 次位居榜首（他同时也以此位列美国十大畅销小说作家第二名）。肯·弗莱特的《无尽的世界》以 110 分拿下第十名，1 本书在榜 11 次，其中榜首 1 次。另外克里夫·库斯勒以 116 分并列第十名，4 本书合计在榜 15 次。

2007 年，企鹅集团美国分公司的总得分为 1701 分，占总数的 27.26%，有 7 个出版品牌上榜，涉及 38 位作家的 45 本畅销书，在榜 198 次，其中榜首 16 次。它的得分、在榜和榜首次数居各出版公司之首。

第二名：兰登书屋公司

兰登书屋公司（Random House Inc.）是世界上最大的英语综合一般书出版商，创建于 1925 年，现为世界传媒巨头贝塔斯曼的子公司。它同时出版虚构类和非虚构类图书，包括新书和重版书，还出版《兰登书屋英语词典》等辞书和参考书。每年出书约 8000 种，出版形式包括精装书、平装书、廉价版、听书、电子书和数字图书。读者涵盖从成人到少年再到儿童。就虚构类或文学出版领域而言，其作家有严肃文学作家，为兰登书屋赢得了众多奖项和荣誉，包括普利策奖、国家图书奖、国家书评奖、布克奖、纽伯利奖等。在其作家名单中还有那些最负盛名的诺贝尔奖得主，包括托马斯·曼、帕斯捷尔纳克、川端康成、奈保尔、奥尔罕·帕慕克等。在众多的出版公司及其出版品牌中，除了最负盛名的兰登书屋（Random House）之外，精装书出版品牌还包括矮脚鸡（Bantam）、皇冠（Crown）、双日（Doubleday）、巴兰泰（Ballantine）、潘塞恩（Pantheon）、克诺夫（Knopf）、戴拉克特（Delacorte）、德尔瑞（Del Rey）等。涉及的著名畅销小说作家包括约翰·格里沙姆（John Grisham）、诺曼·梅勒（Norman Mailer）、丹·布朗（Dan Brown）、托马斯·哈里斯（Thomas Harris）迪恩·孔茨（Dean Koontz）、丹妮尔·斯蒂尔（Danielle Steel）、芭芭拉·德林斯基（Barbara Delinsky）等。

2007年，兰登书屋的总得分为1413分，占总数的22.64%，有13个出版品牌上榜，涉及48位作家的54本畅销书，在榜192次，其中榜首4次。其中出版品牌、作家和畅销书的数量居各出版公司之首。

虽然兰登书屋有如此上佳的表现，美中不足的是只有一位作家位列美国十大畅销小说前十名，即它的王牌作家约翰·格里沙姆。他的《为薄饼而战》以136分位列第五名，在榜12次，其中榜首3次。不过，在美国十大畅销小说作家中，兰登书屋有3位入围。除了约翰·格里沙姆以136分位居第八名外，丹妮尔·斯蒂尔以135分紧跟其后，3本书合计在榜19次；迪恩·孔茨以116分并列第十名，3本书合计在榜12次。

第三名：阿歇特图书出版集团美国分公司

阿谢特图书出版集团美国分公司（Hachette Book Group USA，HBG）诞生于2006年，是法国传媒巨头拉加德尔下属的阿谢特集团（Hachette Livre）购买时代华纳图书出版集团（Time Warner Book Group）而来，后者主要由利特尔-布朗和大中央出版公司（原华纳图书出版公司）两部分组成，以出版成人图书为主。HBG每年出版约450多种成人书、150种青少年图书和60种听书。2006年，该公司出版的图书在《纽约时报》排行榜上出现71次，其中17次登上榜首。它的著名畅销书作家包括詹姆斯·帕特森（James Patterson）、艾丽斯·西伯德（Alice Sebold）、尼古拉·斯派克斯（Nicholas Sparks）、大卫·鲍尔达奇（David Baldacci）、迈克尔·康纳利（Michael Connelly）等。

2007年，HBG的的总得分为1149分，占总数的18.41%，有3个出版品牌上榜，涉及10位作家的17本畅销书，在榜123次，其中榜首3次。

在2007年美国畅销小说前十名中，HBG握有4席，成为最大的赢家。其中，詹姆斯·帕特森占有3席，不愧为美国"惊悚小说之王"。《一夜情》以143分拿下第三名，在榜12次，其中榜首2次；《千钧一发》以113分拿下第七名，在榜10次，其中榜首2次；《克罗斯》以111分拿下第九名，在榜

11 次。另外，尼古拉·斯派克斯的《选择》以 114 分拿下第六名，在榜 12 次。以美国十大畅销小说作家而言，HBG 拿下 3 席，其中詹姆斯·帕特森以 617 分位列首位，6 本书合计 56 次在榜，其中榜首 11 次；尼古拉·斯派克斯以 160 分位列第五名，2 本书合计在榜 17 次；戴维·鲍尔达奇以 140 分紧追其后，2 本书合计在榜 12 次，其中榜首 3 次。

第四名：西蒙−舒斯特公司

西蒙−舒斯特公司（Simon & Schuster, Inc.）是美国最大的图书出版公司之一，由理查德·西蒙和马克斯·舒斯特创立，现为哥伦比亚广播公司（CBS）下属的出版分公司，现有1500 名员工。西蒙·舒斯特全力集中于大众出版领域，涉及成人出版、儿童出版、听书和网络出版等，并在英国、加拿大和澳大利亚等国办有分公司。如今，它每年出版约 1800 种图书，涉及原创文学作品、生活用书、儿童读物、新兴媒体出版物等，还拥有超过 5 万种重版书目录。其出版的图书已赢得 54 个普利策奖、15 个国家图书奖等。

就成人出版领域而言，除了最大的出版品牌西蒙−舒斯特之外，其他著名品牌还有斯克里布纳（Scribner）、袖珍书（Pocket Books）、阿特里亚（Atria）、自由出版社（Free Press）、试金石（Touchstone）、霍华德书局（Howard Books）、卡普兰（Kaplan）等。其著名畅销小说作家有斯蒂芬·金

(Stephen King)、玛丽·希金斯·克拉克（Mary Higgins Clark）、朱迪·皮考特（Jodi Picoult）、桑德拉·布朗（Sandra Brown）等，红极一时的丹·布朗的《天使与魔鬼》也曾在阿特里亚出版。

2007年，西蒙－舒斯特的总得分为610分，占总数的9.78%，有5个出版品牌上榜，涉及20位作家的24本畅销书，在榜83次，其中榜首7次。

其中朱迪·皮考特的《十九分钟》以137分位列美国十大畅销小说第四名，13次上榜，其中4次榜首。在美国十大畅销小说作家排名中，她也因此排在第七位。玛丽·希金斯·克拉克的《我曾听过此歌》也有不错的业绩（第15名），得84分，9次上榜，其中两次榜首。斯蒂芬·金则表现平平，未能一如既往地为公司带来更大的贡献。

从以上分析来看，美国畅销小说市场的集中度是相当高的，四大出版公司在统治着当今的美国畅销小说市场。当然这只是就精装书角度进行的统计，还不包括平装书、廉价版、听书，实际上就每个版别市场而言，各个出版公司也在展开激烈的角逐。如果就此进行统计，也大致会得出相同的结论。

就图书出版而言，精装书一般是美国长篇小说的第一发表形式，悬疑小说无疑占据绝对的优势；平装书版权相对于精装书版权来说则是一种附属权。但如果是浪漫小说，平装书则可能成为第一发表形式。对我国读者而言，原来有这么一种说法：男看金庸，女看琼瑶。对美国读者而言，是不是也可以这么总结："男看悬疑（精装书），女看浪漫（平装书）？"如此说来，本文的统计分析是不完全的，只是从一个角度反映了美国读者小说阅读的部分特征。但以此来分析美国畅销小说出版市场的垄断特征，应该是没有问题的。

（合作者：江一常、贾骥，原载于 2008 年 2 月 3 日《出版商务周报》）

解析美国当今畅销小说类型

就大众出版领域而言，美国畅销书早已进入类型出版时代，从作者的创作到出版者的策划、编辑、制作、宣传；从书店的销售到消费者的认同、购买，这一系列的行为都打上了类型出版的烙印。从商业角度考察小说的分类方法，探寻美国图书市场的特点，总结畅销小说分类统计所显示规律，也许能给中国同行提供可借鉴的经验。

一、美国畅销小说的商业分类

早在1895年2月，美国《书城》杂志创刊，开始公布在一些大城市销售最好的书目，以后逐月公布。一般学者认为，这便是世界上畅销书榜的源头。往后发展，畅销书榜越来越细化，逐步形成了今天的格局：分为精装书虚构类和非虚构类及平装书虚构类和非虚构类。而现在比较权威的畅销书榜主要来自于《出版商周刊》《纽约时报》《今日美国》以及亚马逊网上书店和巴诺书店。

图书销售者划分图书类型的目的是让读者能快捷地找到自己感兴趣的书籍，在这个目的下生成的分类标准有别于文学意义上的分类，这种分类代表了在市场上读者对于某类书籍的认同，是一种商业分类法，它能直观地反映市场需求及偏好。

经过对亚马逊网上书店和巴诺书店网站的分类引擎、《出版商周刊》及《纽约时报书评》上相关评论文章的分析比较，当今的美国畅销小说可分为惊悚小说、女性小说、成长小说、宗教小说、科幻（奇幻）小说、历史小说、恐怖小说、军事小说、西部小说等。

1. 惊悚小说

这是近年来最受美国读者偏爱、销量最好的一个类别，成为美国畅销书创作与出版的主流。它是一种建立在人类对于未知恐惧的本能上的一种文学模式，19 世纪工业革命后英国的哥特式小说，可以算作是惊悚小说的源头。它是工业文明带来的产物。今年出版的《悬疑小说的胜利》（*The Triumph of the Thriller*）一书指出：惊悚小说在美国发展始于 1963 年肯尼迪总统的遇害，而越战则进一步促进了它的发展。该书作者帕特里克·安德森认为这个阶段是美国的一个重大转型期。西蒙-舒斯特出版社原总编辑迈克尔·科达在其著作《畅销书的故事》中也同样指出：美国出版界在 20 世纪 60 年代发生了巨大的变化，那是一个国家巨变、社会动荡的十年。在这个十年中"the old America was gone"（老式的美国消失了），美国的社会文化发生了重大的改变。折射到出版界，这种变化则体现在老式女性小说和老式历史小说的没落，更重要的是惊悚小说的逐渐兴起。

2. 女性小说

若要较为灵活地界定内容庞杂的女性小说，只能将其较为宽泛地定义为关注女性和主要探讨女性问题的小说。亚马逊网站中所列的女性小说下属离婚、家庭生活、友谊、妈妈与孩子、单身妈妈、姐妹、爱情故事以及熟女小说八个主题。在这八个主题中，爱情小说是女性小说的主流，又可被称为浪漫小说。在部分划分方式中，爱情小说并非被归为一个主题，而是被视为一个类别存在。原因即在于其数量众多且影响巨大。熟女文学是女性小说中一个新兴的主题，英文名为"Chick lit"，"Chick"是美国俚语年轻女子的意思，"Lit"则是英语 literature 的简称，因此"Chick Lit"代表了一种供给20 到 30 多岁女性阅读的新世情小说，描写那些属于此年龄阶段的职业熟女的情感生活。例如《女生渔猎手册》（The Girls' Guide to Hunting and Fishing）。这本书准确地描绘了一幅在纽约中产阶层家庭长大的单身女性个人精神探险的图画。女主人公在文中游走于性爱和情爱的危险地带，应付险恶的工作环境。《家外女神》（The Undomestic Goddess）的主人公是在伦敦顶级律师事务工作的女律师。在熟女文学这个主题的小说中，最为我国读者所熟知的是 2007 年新被改编为电影的 2003 年上榜图书《时尚女魔头》（The Devil Wears Prada）。

女性的思维方式、情感体验有别于男性。一部好的女性小说总是用其独特的方式抓住读者（不仅是女性读者），它们所描写的内容必须与女人的真实生活有关，要关注着女人的希望、恐惧、梦想甚至是她们的白日梦。

3. 成长小说

英文名为"Phases of Life Fiction",这类小说共同的特点是通过对普通人生活的描写来感悟生活的真谛。如《普通生活》(*A Common Life*) 就以乡村最为普通的一场婚礼为写作对象。《逃离圣诞节》(*Skipping Christmas*) 整个故事仅仅是围绕一对不想过圣诞节的美国夫妇展开。这类小说无论是在描写青年人的成长阶段、中年人的迷茫阶段,还是老年人的感悟阶段,其本质目的都在于通过主人公的成长给人人生态度上的启迪、心理上的慰藉。如《小溪的缺口》(*Gap Creek*) 描述的是一个受尽种种磨难的十七岁女孩茱莉和她丈夫在苦难中慢慢成熟的故事;《山峰以东》(*East of the Mountains*) 讲述的是一位身患绝症的老医生的心路历程。此外像《你在天堂里遇见的五个人》(*The Five People You Meet in Heaven*) 和《可爱的骨头》(*The Lovely Bones*),一方面是宗教小说,另一方面则是试图从死者的角度给活人启示,故也可归为此类。

4. 宗教小说

宗教类小说在美国畅销的社会原因之一是美国人强烈的宗教意识。在美国,宗教的势力和影响十分强大。一项民意调查表明,94%的美国人相信上帝的存在,46%的美国人反对进化论,超过3/4的美国人认为宗教十分重要。与欧洲相比,美国人信仰宗教的比例要高得多。我们只需要看一下普通的美国纸币,不管那种面值的纸币上都赫然印有"我们信神",这在全世界是绝无仅有的。与有着虔诚的宗教相对的是美国同时又是最世俗化的国家，美国的宗教呈现出多元化和包容性强的特点。这也可以解释为什么《末世迷踪》系列和《达·芬奇密码》两种宗教观点截然不同的小说会同时畅销。

根据叙述主题的差异，宗教小说还可细分如下：

（1）小说以宗教的起源或发展为背景，如《达·芬奇密码》和《最后的圣殿骑士》(*The Last Templar*) 都是故事某条线索设置在基督教的发展过程这个背景中。

（2）宗教对主人公有着巨大的影响，宗教信仰改变了主人公的命运。如《毒漆树圣经》(*The Poisonwood Bible*)，叙述了一名美国传教士带领妻子和四个女儿在刚果人民进行独立战争的背景下，于1949年进入刚果传教的故事，该书主人公的宗教信仰影响甚至改变了自身和全家人的命运。

（3）宗教中所存在的虚幻世界为小说场景之一，如《可爱的骨头》《你在天堂里遇见的五个人》。

（4）宗教中的虚拟人物是小说中的重要角色。

5. 科幻（奇幻）小说

奇幻小说中的特色元素是魔法、巫术、超自然的技艺、架空世界、非人智慧生物/种族、奇怪的神话宗教体系、各司其职的任务队伍、神秘的邪恶势力。该类小说中充斥着在现实主义小说中被规定无法出场的因素，其从根本上源自作者与众不同想象和人格化的原型。奇幻小说有着其固定的背景模式，或者是在与现实世界规律相左的"第二世界"中，或者是在现实地球中加入超自然因素。

判断科幻小说的依据则是科学技术和想象二者是否相结合。我国有人认为科幻小说即在物质同一性原则下处理超现实情节的作品。所谓物质同一性，就是不涉及鬼神、巫术等超自然精神力量，小说里所有情节都在物质运动的范围内。著名科幻小说作家阿莫西夫认为有三种科幻小说：新发明科幻小说、惊险科幻小说、社会科幻小说。其中写作方式多种多样，但最好、最难写好的却是社会科幻小说。当前最优秀的作品大多属于此类。

奇幻小说与科幻小说既有联系，又有不同。其相同点在于幻想成分无论在奇幻小说还是科幻小说中都是最重要的元素；其不同点在于奇幻小说通常较偏向于非百分之百的理性，偏向于建立在不可预测的世界结构上（内容多有魔法、剑、神、恶魔、先知），而科幻小说更讲究理性和现实依据。若以时间序区分，奇幻小说较偏向过去也就是历史中寻求背景依据，而科幻小说则会偏向现有科技的延续。

科幻小说与奇幻小说虽然在定义上能看出明显的区别，但作者在写作的过程中很少严格地用二者的标准来规范自己的写作，小说中通常会出现二者相交融的现象。例如《捕梦者》（*Dream catcher*）便是如此。小说的情节梗概为外星人入侵地球，四个年轻人用自己儿时具有的神奇力量战胜敌人。"Dream catcher"本身即是一种北美印第安人的符咒，据说是用印地安人用植物的纤维和小枝条以一定的手法编织成的类似兜网状物品，带有印地安人信奉的强大"灵力"（Wakan-Tanka）。外星人攻打地球是传统的科幻题材，但灵力和魔法又是奇幻小说中的重要元素。

6. 历史小说

历史小说定义为作者所描述的是至少五十年以前的事件，其更多是以研究而非以个人经历作为写作的依据而进行创作的小说。在小说中，作者需要再现的不仅仅是时间、事件、人名还有当时的文化与风俗。

历史小说中有一个比较特别的主题叫 "alternate history"，直译为"改变历史小说"或者"反历史小说"，是一种基于在小说中改变过去所发生的事件而推测与现在不同未来的小说。例如"如果在南北战争中南方赢了"，"如果在'二战'中德国胜利了"这样的主题。这类小说虽然描写的是虚拟的事件，但整个虚拟的事件被安置在真实的场景中，读来饶有趣味。例如《反美密谋》(*The Plot Against America*)，该小说虚构了这样一个历史事件：20世纪40年代的美国，虚构的人物查尔斯·林德伯格在1940年的大选中击败罗斯福成为美国总统，他支持德国纳粹并具有反犹太思想，"二战"期间他主政下的美国没有参战，而是与德国和日本签订了一项和平协议，在美国采取了大规模迫害犹太人的行动。

7. 恐怖小说

关于恐怖小说这一类别的划分颇存争议，有人认为恐怖只是小说中一个元素而非类别。单纯说到恐怖，它似乎的确是惊悚甚至奇幻小说中必不可少的因素。但本文通过对美国图书销售网站分类的比对及研究恐怖小说下属图书的主要内容后，认为恐怖小说这个类别是有必要存在的，它大致类似于国内的"鬼故事"。《美国出版专业词典》这样定义恐怖小说：恐怖小说通过制造奇异、可怕、恐慌来达到娱乐和阐释读者灵魂中比较黑暗的部分的目的。恐怖小说有以下几个代表特征：已死生物的出现、吸血鬼、狼人、被魔鬼诱导过的人类或魂不附体。通常来说恐怖小说是通过利用超越正常的想象、隐秘事件、心理动机构建的。在1999—2006年美国畅销书榜中，上榜恐怖小说有《错误记忆》（*False Memory*），这部小说的主人公是一个从害怕自己影子开始，逐渐发展成有严重心理疾病的女人；《历史学家》（*The Historian*）讲述吸血鬼的故事；《艾伦·鲍尔的日记》（*The Diary of Ellen Rimbauer*）讲述鬼屋的故事。

相较而言，悬疑小说可以作为一个类别省略，因为"悬疑"元素广泛地出现在各类小说中，设疑和解疑本来就是小说的基本写作手法，很难自成一家。"悬疑"应作为一个主题存在，突出其所描述小说用"设疑—解疑"这一手法吸引读者的特性。因此，悬疑小说和惊悚小说有时合并为惊悚悬疑类小说。

8. 军事小说

军事小说也可称为战争小说，它的时代背景肯定是战争时期，描写的或者是战事状况，或者是军旅生涯，或者是战争对人民生活造成的影响。文中描述的战争不可以是真实存在的，它也可以是虚构的。上榜军事小说中《熊和龙》（*The Bear and the Dragon*）虚构中国与俄罗斯之间的战争就是一个例子。现在，随着苏联的解体，冷战背景已淡然无存，军事小说也逐渐式微，因此当年以《猎杀红色十月号》闻名于世的畅销书作家汤姆·克兰西已经风光不再。

9. 西部小说

西部小说是美国西部大开发的产物，是最具美国特色的通俗小说，这类小说以 19 世纪美国西部开发为背景，以西部牛仔式英雄为主要人物，以善与恶的冲突为故事主线，穿插离奇的爱情作为故事情节。从起源上来看，西部小说其实是一种以西部开发为背景的历史冒险小说，它是随着对西部领土的开发而生发与繁荣起来的，并随着西部边疆的消失而逐渐延伸。西部开发至今已经 200 余年，西进运动中的"拓荒精神"已成为美国文化的一种象征。但是这类小说已经慢慢淡出了人们的视野，上榜小说中几乎看不到这类小说的身影了。

二、畅销小说的主题

在划分以上九个大类后，美国大型图书销售网站的通常做法是用小说主题再对畅销小说加以界定，以便于读者的查找。按主题分类较类别分类有着更大的随意性，从场景到道具到写作手法都可能成为主题的内容，为读者查书提供了更多的选择余地。例如 1999 年上榜图书《喜欢汤姆·高顿的女孩》（*The Girl Who Loved Tom Gordon*）讲述的是九岁小女孩特瑞莎的故事，她因厌烦了与兄弟的无尽争吵和刚刚离婚的妈妈，在沿阿巴拉齐亚山徒步旅行中走失。在充满危险的荒原中，她打开她的随身听，收听波士顿红袜队棒球比赛，从她的偶像替补投手汤姆·高顿的表现中吸取力量，想象汤姆和她在一起，保护她从野兽和乱树丛中脱险。这样内容的小说是典型的成长小说，但按主题可以被归为家庭小说、青少年小说、离婚小说、冒险小说，甚至棒球小说，这样就能便于读者从各个角度检索到该小说。

除了以上九大小说分类之外，值得一提的还有具有美国特色的种族小说，特别是黑人文学。可以说美国黑人文学200年来的传统就是关心黑人在白人主体社会中的命运。因为事实上，黑人对白人的思考远胜于白人对黑人的思考，这就使得美国黑人文学具备一种他人难以企及的优势：既有身在其中的切身体会，又有游离于外的客观评论。此外，2003年以来随着《达·芬奇密码》的热销，"破解密码"成为另一个火热的主题。《四法则》（*The Rule of Four*）、《圣殿骑士》（*The Templar Legacy*）、《最后的圣殿骑士》都将"破解密码"作为最吸引读者的筹码。《四法则》中的一切故事都源自于一本文艺复兴时代流传下来的古书——《寻爱绮梦》。这是一本由密码文字写成的晦涩难懂的巨著，书中标明了藏有文艺复兴时期大量无价的艺术珍宝的秘密地点。在《圣殿骑士》一书中，美国司法部高官斯蒂芬尼意外地收到了去世多年的丈夫的笔记本，为了弄清丈夫的死因，她带着这本写有密码的笔记本来到了丹麦。不曾想，此举竟然揭开了圣殿骑士守护多年的"伟大遗产"的秘密。《最后的圣殿骑士》则甚至直接设置了一个密码机。

三、1999—2006 年美国畅销小说市场统计

(一) 1999—2006 年上榜小说排行统计

畅销书排行榜有很多,但通常以《出版商周刊》和《纽约时报书评》的为主。本文所引用的排行榜来自《出版商周刊》的精装类文学畅销书周榜,该榜始于 1912 年,每周上榜图书 15 种,在业内更被认可。本文采取给上榜图书赋值的方式,第一名得 15 分,最后一名得 1 分,以得分累加的方式来计算每一本上榜图书的畅销度(主要偏重于影响力而非实际销售数量)。具体上榜图书及上榜名次见表 1、表 2。

表 1 1999—2002 年排名前 20 名小说

	1999 年	2000 年	2001 年	2002
第 1 名	《遗嘱》	《兄弟》	《粉刷过的房子》	《保姆日记》
第 2 名	《塔拉之路》	《熊与龙》	《修错》	《可爱的骨头》
第 3 名	《白色夹竹桃》	《狮子的游戏》	《卡恩河》	《传唤》
第 4 名	《汉尼拔》	《再见之前》	《捕梦者》	《海滩别墅》
第 5 名	《喜欢汤姆·高顿的女孩》	《印第安人的缺口》	《接骨师的女儿》	《逃离圣诞节》
第 6 名	《妈妈的珍珠》	《财富的女儿》	《时间就是金钱》	《红兔子》
第 7 名	《我们会重逢》	《内心之中》	《苏珊的信》	《地球的孩子》

（续表）

	1999年	2000年	2001年	2002
第8名	《毒漆树圣经》	《时间线》	《在你居住的街上》	《通过心灵之歌的旅行》
第9名	《走向回忆》	《起源地和所有》	《一号死亡》	《修正》
第10名	《黑色通告》	《希望街上的房子》	《昨日当我们盛年》	《海洋公园的国王》
第11名	《亚特兰蒂斯之心》	《冬至》	《第一辩护律师》	《世事无常》
第12名	《星球大战》	《溺水情迷》	《从他眼睛的角落》	《国家至上》
第13名	《人身伤害》	《瓮中捉鳖》	《第四只手》	《百万富翁》
第14名	《女生渔猎手册》	《最蓝的眼睛》	《最后一次相见》	《艾伦日记》
第15名	《满足的人》	《开放的房间》	《弯曲的路》	《若登斯的夜晚》
第16名	《暗杀》	《终极辖区》	《普通生活》	《爸爸的小女儿》
第17名	《丹奶奶》	《回家之路》	《瓦尔哈拉殿堂升起》	《剩余》
第18名	《告密者的行动》	《营救》	《杰奎琳·肯尼迪·奥纳西斯最爱的诗》	《赎罪》
第19名	《南十字星座》	《小狗病了》	《黑房子》	《山上》
第20名	《山峰以东》	《错误记忆》	《神圣死亡令》	《二号机会》

表2　2003—2006年排名前二十名小说

	2003年	2004年	2005年	2006年
第1名	《达·芬奇密码》	《达·芬奇密码》	《达·芬奇密码》	《达·芬奇密码》
第2名	《可爱的骨头》	《你在天堂里遇见的五个人》	《你在天堂里遇见的五个人》	《海滩路》
第3名	《时尚女魔头》	《天使与魔鬼》	《美人鱼的椅子》	《一日重生》
第4名	《诉讼之王》	《四法则》	《历史学家》	《五号骑师》
第5名	《你在天堂里遇见的五个人》	《最后的陪审员》	《经纪人》	《法官与陪审团》
第6名	《监护人》	《裸泳者》	《真实信任》	《监狱》
第7名	《露天看台》	《业余婚姻》	《七月四日》	《最后的圣殿骑士》
第8名	《黎明的十字路口》	《山姆给杰里夫的信》	《恐惧状态》	《两个蓝衣小女孩》
第9名	《虎口拔牙》	《踪迹》	《救生员》	《十二点整》
第10名	《湖边小屋》	《反美密谋》	《蜜月》	《丈夫》
第11名	《十二点整》	《黑暗塔七》	《星球大战》	《玛丽,玛丽》
第12名	《无限复活》	《黑暗塔六》	《一见钟情》	《天使坠落》
第13名	《婚礼》	《第三身份》	《达·芬奇密码》(插图本)	《圣殿骑士的遗产》
第14名	《绿头苍蝇》	《荣耀再现》	《掠夺者》	《第十圈》
第15名	《第九》	《金发碧眼的女人》	《女巫之子》	《风尖浪口》
第16名	《裸杀万里追》	《大魔法师》	《十一至上》	《幻影》
第17名	《牧羊人的耐心》	《我属于黑夜》	《梦想刀子》	《等待天堂》

（续表）

	2003 年	2004 年	2005 年	2006 年
第 18 名	《小丑》	《R 是跳弹》	《骆驼俱乐部》	《人质》
第 19 名	《险恶的猪》	《绝对朋友》	《火焰环》	《阳光照耀》
第 20 名	《赤裸帝国》	《时间游戏》	《家内女神》	《信使》

（二）1999—2006 年上榜小说类别统计

一部小说，可能会融入多个类别小说的特点，作者几乎不会依照着某一类小说的标准来创造小说，越是复杂的小说越是如此。亚马逊网站和巴诺书店网站在界定部分小说的类别时，不会仅仅将其归为一个类别，而是同时分属几类。统计时，这种情况分别多次计入。如《女生渔猎手册》同属成长小说和女性小说，在统计时，这两种小说各增加一项。

表3　1999—2006 年前二十名上榜图书分类计数

	惊悚小说	女性小说	成长小说	历史小说	宗教小说	恐怖小说	科幻小说	军事小说	其他
1999 年	8	5	6	3	1	1	1	0	1
2000 年	6	8	2	4	2	1	1	1	1
2001 年	6	7	4	0	0	1	1	0	0
2002 年	9	3	4	1	2	2	0	1	0
2003 年	10	2	3	1	4	0	3	1	0
2004 年	12	3	2	1	3	0	3	0	0
2005 年	10	3	1	1	3	1	3	0	1
2006 年	12	2	3	0	3	0	1	0	0
合计	73	33	25	11	18	6	13	3	3

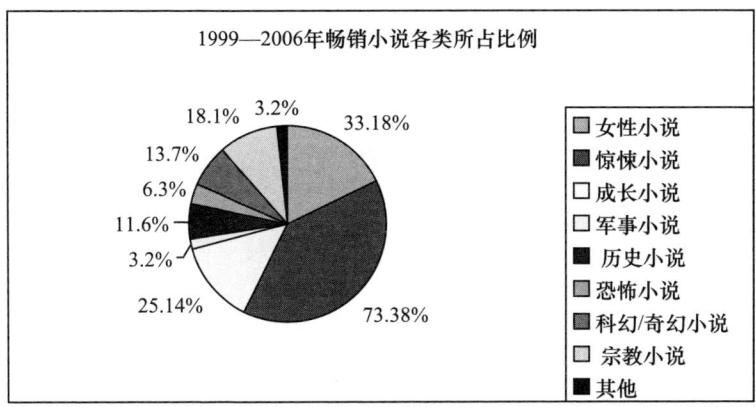

图1 各类小说所占百分比

从表3及图1中可以看出美国图书市场具有以下特点：惊悚小说在被统计的八年中占有压倒性优势，占到了70%以上的比例；女性小说和成长小说分列第二和第三，且虽然次数有波动，每一年都持续上榜；宗教小说在《达·芬奇密码》的带动下以2003年为分界线增长较为明显。

（合作者：简恒，原载于《出版人》2007年第12期）

美国当今畅销小说
市场特点解析

美国大众图书市场有两个较为明显的特点：畅销书榜制度及类型出版。美国是世界上最早出现畅销书榜的国家，自1895年至今，美国的畅销书榜制度已经扎根在美国文化之中，对美国出版业造成了深远的影响。目前比较权威的是《出版商周刊》《今日美国》、亚马逊书店制作的畅销书排行榜。

经过对亚马逊网站（世界上最大的网上书店）和巴诺书店（美国最大的图书零售商）的图书信息、《出版商周刊》及《纽约时报书评》上相关评论文章的分析比较，目前的美国畅销小说可分为惊悚小说、女性小说、成长小说、宗教小说、科幻（奇幻）小说、历史小说、恐怖小说、军事小说、西部小说等。有关数据表明，由于美国当代社会具体的国情，当今的美国畅销小说市场有着较为明显的规律和特点。

一、惊悚悬疑小说占有大量市场份额

惊悚小说的广泛流行不是一个刚刚出现的新现象。早在1979年惊悚大师斯蒂芬·金便以《死亡地带》首次登榜；

1981年的15本年度畅销小说中已有4本是惊悚小说。20世纪80年代后"惊悚风"越刮越烈,斯蒂芬·金成了畅销书榜的常客,越来越多的惊悚小说上榜。在1999—2006年畅销度名列年前20名精装本小说中,惊悚类占据了高达70%的小说市场。2003年,"美国惊悚小说之王"詹姆斯·帕特森荣获美国《读者文摘》评选的"最受欢迎作家奖"。这个事件也从另一个角度印证了惊悚小说在畅销小说市场中的重要地位。

为什么惊悚小说会如此流行呢?首先,这与工业社会急速发展这个社会大环境有关。心理学家这样解释这个问题:一个社会的物质文明越是发达,人们生活的压力就越大,恐怖的精神体验也会越多。电影悬念大师希区柯克如是说:"人们对人生抱着一种奇怪的恐惧感。尤其是现代都市人精神压力大、生活节奏快,更容易产生个体的脆弱与孤独感,这往往是恐惧的由来。这时,人们的情绪需要发泄的出口,有着时尚因素的惊悚悬疑小说往往起到这个出口的作用。"人们借小说打发时间,在阅读的过程中经历不一样的人生,了解不一样的故事,暂时忘掉自己的空虚和焦虑,惊悚小说正是以紧张刺激的情节牢牢抓住读者。

其次,社会的发展还导致了生活节奏加快,惊悚小说通常在一开头就设下悬疑,这有别于传统小说一开始的缓慢铺陈,能很快地抓住读者的视线,引发读者的好奇心,进而促成购买行为。很多畅销悬疑小说在开头就显得与众不同,引起读者极大的好奇心。以《达·芬奇密码》为例,在文章开始,作者就设置了午夜电话、谋杀、密码这样紧凑而引人入胜的情节。在阅读节奏加快的今天，充满吸引力的开头是获胜的重要筹码。

第三，出版商业化是惊悚悬疑小说流行的另一个原因。近20年来，美国图书市场对惊悚小说的需求日益增加，出于赢利目的，出版社也更加偏好选择出版此类型作品，惊悚小说在出书品种上所占比例逐渐增大，在宣传造势上也越来越受到偏爱，进而从图书供应商的角度促进了它的流行。总而言之，一本图书，如果被认为有畅销的潜质，那么出版商会尽最大的努力让读者得知该书的出版信息，会尽最大的努力让这本书陈列在离读者最近的书店里。

第四，就美国的具体国情而言，无尽的战争、工业的衰退和政治的腐败让美国人变得更加愤世嫉俗，也更加现实。因此，读者对表现社会黑暗面的小说的态度变得更加开放。很多惊悚悬疑小说常常会表现出现实世界所没有的秩序和正义，并拥有一个令人快乐的结尾，在揭示社会的丑陋与危险一面的同时给读者希望。这些都极符合美国读者的心理需求。

二、单身或离异女性成为女性畅销小说主角

在美国畅销书榜出现的头一个十年里，女性小说可以说是独霸天下，在很长一段时间内是美国妇女在家务之外的最好消遣。随着社会的发展，男性与女性在生活中的差异越来越小，两者的阅读口味越来越趋于一致，教育水准的提高和对自身权利争取的意识让女性渐渐成为主流社会中不可忽视的声音，而这些变化都清楚地显示在排行榜上。从20世纪50年代开始，历史、爱情小说独占文学排行榜的盛况不复存在，畅销书排行

榜清楚地表明，小说的读者市场不再局限于一个性别，取而代之的是不分男女都喜欢的文学畅销书。小说的目标读者已经越来越中性化。

因此，在当今的畅销书排行榜（特别是精装书小说）上，女性小说或者爱情小说的市场比例在逐渐减小，但它在平装书市场还有很大的一席之地。另外女性小说的另一个变化还表现在角色性格的改变上，传统浪漫小说中居主角地位的忧伤少女逐渐被强势的女性所取代，女性越来越独立，越来越坚强；离婚或丧偶的女性成为小说的主角的情况增多，在整个女性小说中占据21%的比例。这折射出美国离婚率高的社会现实。在上世纪50年代，90%以上的已婚夫妇能将婚姻维持到10年以上，但到了90年代，这一比例下降到不足50%（数据来自《环球时报》调查）。这类小说有《希望街的房子》《开放的房间》《营救》《塔拉之路》《苏珊的信》《弯曲的路》《若登斯的夜晚》。相对应的是成长小说中有一部分是讲述身处单亲或父母双亡家庭中的孩子的故事。例如《白色夹竹桃》《喜欢汤姆·高顿的女孩》《回头路》。还有一本《业余婚姻》更是直接描述一场失败的婚姻。

虽然有社会学家表示，只要再婚率足够高，离婚就不是一个社会问题，但离婚终究是会给人带来严重的心理伤害，成人还可以再寻找幸福，但孩子只能被迫去面对一个破碎的家庭。因此，作为社会现实的反映，女性小说的转型也就不足为奇了。

三、《达·芬奇密码》值得关注

在众多畅销小说中，丹·布朗的《达·芬奇密码》无疑是畅销小说中最值得关注的一本。连续40多周高踞畅销书排行榜之首，打破了美国小说的销售纪录。来自《出版商周刊》的统计数据显示，《达·芬奇密码》上榜之后，连续三年居年度排行首位，总计163周在榜。

《达·芬奇密码》不仅仅是一本小说，它已经成为了一种文化现象。其出版两年后就被翻译成了40多种文字，被置于世界各国的各大书店最醒目的地方，在世界各地卖出超过1700万册。《纽约时报书评》称，丹·布朗的成功就在于他既保持了惊悚小说常规的畅销要素，又创造性地引入其他元素，特别是对历史、艺术、宗教、科学的阐释和思考，使小说显得别开生面，既能吸引通俗文学的爱好者，又能让更多读者体验到智力上的游戏和知识面的拓宽，使他们在阅读小说的同时，又能了解多方面文化。此类小说的走俏，反映出当今读者对历史文化与现实故事相结合的文学作品的偏爱，丹·布朗正是满足了人们希望在轻松的环境下，放松地去温习传统文化的诉求。《达·芬奇密码》的畅销和同名电影的热映，也带动了他此前反应平平的《数字城堡》《天使与魔鬼》的热销。同时，他开辟的宗教小说类型也带来了大量的跟风之作，虽然其中也有一些图书畅销，但大部分的销售业绩平平。

与美国畅销小说市场的"常青树"詹姆斯·帕特森相比，丹·布朗更像一个暴发户。使大家感到遗憾的是，他的下一部小说《所罗门的钥匙》却迟迟不能问世，不免让人有"江郎才尽"之疑，也许他真的是美国畅销小说市场的一个另类。

四、名作家占据排行榜，系列小说持续上榜

名作家大量占据排行榜这个现象在新世纪得到了延续，主要的畅销小说作家占据着排行榜的位置。说到这个问题就不得不提到美国通俗小说的封面设计。中西方的审美差异在对通俗小说封面的设计上体现得淋漓尽致。美国通俗小说的封面就如同油画一样，画面饱满；而中国的通俗小说封面则如同中国画一样强调留白。更重要的是，中国通俗小说的封面到目前几乎是还没有出现作者名占到封面2/3 的情况。美国知名作家所创作的小说的封面，作者名和书名的字体都比较醒目，而作者名通常会大于书名。这也可以看出美国人对作者的忠实程度很高，作家本身就成为一个出版品牌，很多读者是在看作家的名字购书。像斯蒂芬·金和约翰·格里森姆这样的作家一定会上榜，我们还可以预见詹姆斯·帕特森推出的下一步新作也一定会取得不错的销售业绩。

此外系列小说先后上榜的现象也值得关注，像《末世迷踪》、《星球大战》、"女子谋杀俱乐部"、"黑暗塔"这样的系列图书本本都销售得相当不错，给作者和出版商都带来了相当的收益。像詹姆斯·帕特森这样的作家本来创造力就丰富，一本接一本的牢牢占据着畅销书排行榜。但他还不满足，又采取与其他无名作家合作的方式，推出更多的畅销书，一年上榜五六本之多，往往一本还未下榜，另一本已经接上，因此成为美

国畅销小说排行榜上的常青树并不奇怪。他的这种做法不仅影响了更多其他作家的小说的上榜，也在一定程度上降低了小说的质量。这也使得丹·布朗这样几乎靠《达·芬奇密码》一部小说包打天下成为美国通俗小说界的一个奇迹。

五、种族问题小说反映美国种族矛盾

对美国来说，大量移民的进入造成了严重的种族问题。其主要表现为白色人种和有色人种（非洲裔、拉美裔、亚裔）之间的矛盾冲突，有时也表现为有色人种之间的冲突，而最为严重的黑人问题。可以说多民族国家的特性一方面推动了美国的发展，一方面也造成了族群关系紧张和种族歧视这个最大的社会问题。这些问题反映在畅销小说榜上则表现在多部反映有色人种生活的小说上榜。1999年的上榜小说《妈妈的珍珠》、2000年的上榜小说《最蓝的眼睛》，都是从一个黑人孩子的角度阐释了种族歧视。2001年的《卡恩河》则是作者以自己家族故事为基质，以史诗般的气魄生动再现了路易斯安那州凯恩河地区百余年间三代肤色逐渐漂白的黑人及有色人妇女紧密团结，带着不变的种族枷锁勇敢追求自由和幸福生活的艰难历程。2002年的《海洋公园的国王》是一部描写有钱又得势的黑人上层社会的小说。此外，还有关于亚裔的畅销小说《接骨师的女儿》，叙说的是一个华裔家庭中具有不同文化背景、民族身份和信仰的几代人从冲突走向融合的故事。这些故事的根都深深地扎在美国这个多民族国家的现实中。

近年来，中国图书市场也出现了类似的发展趋势，青春文学、惊悚小说、财经小说、盗墓小说等类型小说相继出现。它山之石，可以攻玉，纵使国情不同，无论是研究类型出版已较为成熟的美国图书市场，还是研究其分类和类别之后小说与社会相互交融的关系，也都会给中国同仁带来可借鉴的经验。

参考文献：

1. 〔美〕布赖恩·希尔、〔美〕迪伊·鲍尔：《打造畅销书》，陈希林译，中国人民大学出版社 2006 年版。

2. 〔美〕迈克尔·科达：《畅销书的故事》，卓妙容译，中国人民大学出版社 2006 年版。

3. 曹艳：《美国畅销书的经营》，载《编辑之友》2003 年第 4 期，第 61—62 页。

4. Patrick Anderson. *The Triumph of the Thriller*. Random House. 2007

5. http：//www.publisherweekly.com

6. http//www.amazon.com

7. http//www.barnes&noble.com

（合作者：简恒，原载于《出版发行研究》2007 年第 12 期）

美国读者为何钟情悬疑小说

美国大众出版业早就进入类型出版时代。而就畅销小说的出版而言,综合精装书和平装书市场的统计和归类,悬疑小说和浪漫小说是近年来美国读者的两大最爱,成为美国文学类(Fiction)畅销书排行榜上的常客。那么,什么是悬疑小说,它有哪些特征和分类,其历史渊源和发展现状如何,为什么美国读者喜欢看,它有哪些作家及其代表作。本文综合各种资料来源,希望能够解答我国读者的某些疑问。

一、悬疑小说的界定及其特征、流派

纵观美国《纽约时报》和《出版商周刊》等的畅销书排行榜,高居榜首并大面积、持续性地占据榜单的就是悬疑类小说了。这类小说往往集科学、法制、人文精神于一身,以曲折的情节、强烈的悬念、严谨的逻辑,深受读者的喜爱和追捧。

对于这类小说的称呼,国内外一直都没有统一的说法。在国内先前较常用的称呼是"侦探小说""推理小说",现在热门的称呼是"悬疑小说""惊悚小说"。而在国外,称呼更是五花八门,如美国悬疑小说家协会(The Mystery Writers of America）就将这类小说称为"Mystery"，还有"Thriller""Detective""Suspense"等称呼。无论哪种称呼，其实都是这类小说的某些特征的表述。在此，倾向于将这类小说统称为悬疑小说。

总体而言，悬疑小说主要有以下特点：

第一，在内容方面，悬疑小说一般与犯罪有关，其中所叙述的故事会牵涉人性和社会的阴暗面，作者们在故事中穿插着对社会的种种丑陋、险恶以及不公正的揭露与控诉，然后会努力在故事结尾回归到一个令人快乐的结局，说白了就是"正义必将战胜邪恶"。当然悬疑小说的这种内涵是由很多因素决定的，这和图书的商业性和市场化趋势及需求有关，另外，还有其他一些社会和文化因素使然，这在下文中会有详述。

第二，悬疑小说也有其基本模式。这个模式就是罪犯犯罪—侦探出现—侦查—破案。一般而言，故事往往发生在特定的社会背景和神秘的环境中，接下来的情节便开始展开严密的叙述，其中穿插着人物的简介及其相互之间的关系。经常是受害者受到罪犯的侵犯甚至杀害，然后便会有一个维持正义、挺身而出的侦探介入，并展开一系列的调查，最后侦破案件。

第三，悬疑小说具有严密的科学逻辑推理。悬疑小说之所以能受读者欢迎，很大的一部分是由于它的悬念使人欲罢不能。而步步设悬就要求作者具有高超的逻辑推理能力。这种逻辑推理是牢固建立在严格的科学结论的基础上，层层逻辑、步步推理使案件显露出它的庐山真面目。

第四，悬疑小说具有知识性和科学性。一部悬疑小说，往往涵盖了数、理、化、医、解剖学及法医学、犯罪心理学、刑事侦查逻辑学等学科知识，它甚至可以称为是一部集自然与社会学科为一体的百科全书。这从《达·芬奇密码》可见一斑。

悬疑小说还可以再细分为更小的类别。1995年，美国悬疑小说作家协会（MWA）曾制定了一份"有史以来100部最佳侦探小说"的书单，书单按照侦探小说的主要流派分为10大类：经典（Classics）、悬念（Suspense）、硬汉或私家侦探（Hardboiled／Private Eye）、警察程序小说（Police Procedural）、间谍或惊悚（Espionage／Thriller）、犯罪（Criminal）、轻松或传统（Cozy/Traditional）、历史（Historical）、幽默（Humorous）、法律或法庭（Legal/Courtroom）。

这个分类虽然囊括了当时大多数的流派，但其界定也有不合理之处，历来为许多研究者所诟病。如"Suspense"（悬疑）和"Criminal"（罪案）这两种流派称呼，本身就是悬疑小说的基本特征的表述，并不具有明显的流派特征。而且，随着时代的发展和悬疑小说作者队伍的壮大，近年来又有许多新的流派涌现，而一些老的流派则逐渐式微，如间谍小说和军事冒险小说等。在此，参照美国各大相关网站对悬疑小说的分类，将其大体分为以下十个流派：

（一）硬汉派侦探小说（Hardboiled/ Private Eye）

硬汉派作品真实地反映了当时美国光怪陆离的社会面貌，同时也刻画了美国人某种强悍的"硬汉子"性格，塑造了一种新型的美国民间英雄形象。硬汉派悬疑小说作家多受海明威的影响，这一类型最具代表性的大师级人物是塞缪尔·达希尔·

哈梅特（Samuel Dashiell Hammett）和雷蒙德·钱德勒（Raymond Chandler）。

他们笔下的侦探不是万能的英雄，有自身的弱点，常常陷入尴尬境地，警察不是法律的维护者，反而常常与黑帮勾结，黑帮倚仗腐败政客的权势为非作歹。他们的侦探小说善于使用生动的对话，通过对话描写人物，推动故事情节发展，文字洗练，推动情节快速如银幕上的镜头。创作态度严肃，作品勾勒出当时美国社会全貌的真实图景。如哈梅特的《血腥的收获》《玻璃钥匙》《马耳他黑鹰》《戴恩家的祸祟》《瘦子》，钱德勒的《长眠不醒》《恋人无情》《湖底女人》《小妹妹》《高窗》显示了他们各自的特色。

（二）女侦探小说（Female PI）

在这类小说中，女侦探担负起了以往硬汉侦探的责任，成为侦破案件的主角。其代表作家非阿加莎·克里斯蒂（Agatha Christie）莫属。她的小说中塑造的英国乡村女侦探简·马普尔小姐就是一个十分经典的人物。马普尔小姐是《寓所迷案》《藏书室女尸之谜》《平静小镇的罪恶》《神秘的别墅》等十二部作品中的主角。她是阿加莎·克里斯蒂笔下的第二号侦探，也是为数不多的女侦探之一。

（三）医学探案小说（Medical）

托马斯·哈里斯（Thomas Harris）的《沉默的羔羊》是医学探案小说的巅峰之作。就内容而言，它其实并没有超出绑架、杀人、越狱等暴力的描写，但其成功之处就在于它选取了一个别开生面的角度。它不是写一般刑事犯杀人越货、谋财害命等社会犯罪，而是专写心理变态犯罪，诸如由易性癖、杀人狂、食人魔所引起的犯罪活动。犯罪者都带有明显的心理变态、生理变态的特征。因此，小说为我们勾画了一个变态人的疯狂世界，不仅具有特定的社会意义，而且还具有较高的医学心理学、病理学和行为科学的认识价值。

（四）政治冒险小说（Political）

这类小说往往在内容上涉及较多的揭露政治腐败的黑幕。比如《骗局》是丹·布朗写于《达·芬奇密码》之前的作品。1996年8月7日，在华盛顿美国国家航空航天局总部举行的一次新闻发布会上，一块在南极发现、编号为ALH84001的火星陨石一亮相就马上吸引了全世界的目光。小说《骗局》正是以美国国家航空航天局这一真实事件为蓝本讲述的。整个故事围绕着一个科学大骗局展开，讲述了48小时内美国政界发生的一系列重大事件。它将政治黑幕、性丑闻、陨石、冰架、空军一号、三角洲部队等元素，有机地糅合在了一起。

（五）法律惊悚小说（Legal/Courtroom）

约翰·格里沙姆是现代法律惊悚小说的代名词。他从法学院毕业后的将近20年里，都一直从事法律方面的工作。直到有一天在德索托县法庭，格里沙姆无意中听到了一个强奸案中的12岁受害者的悲惨证词，并产生了灵感想写一部小说来探索一下如果受害女孩的父亲杀了伤害她的罪犯可能会发生些什么事情。于是他花了三年时间写了《杀戮时刻》。从此便一发不可收拾，他每年完成一部法律惊悚小说，如《律师事务所》《塘鹅暗杀令》《终极证人》《毒气室》《失控陪审团》《合伙人》《街头律师》《遗嘱》等。

（六）间谍小说（Spy）

在悬疑小说中，间谍小说算是相当特别的分支，它最大的特点是将重点放在伸张正义上，乃从个人主义的色彩提升至国家主义的基础上。在此类型里，约翰·勒卡雷（John Le Cárre，真名为"大卫·康威尔"）无疑是享誉国际的大师作家。

勒卡雷有在英国情报局工作过的背景，他以自身真实的经验，加上独一无二的写作天赋，细腻又深刻地描写出隐身地下社会的神祕双面间谍的故事。他长于描写复杂的斗智活动、两难的道德处境、暧昧的善恶定义，内容富含哲理，情节引人入胜，令人欲罢不能，不愧为享誉全球的大师级作家。

勒卡雷的《冷战谍魂》（*The Spy Who Came in from the Cold*）是间谍小说发展史上的具有里程碑意义的一部作品，是1964年美国的最畅销小说。勒卡雷另一部作品《完美的间谍》也堪称是他的巅峰之作。书中人物瑞克正是作者父亲的真实缩影，他遍及世界各地的犯罪行为塑成了勒卡雷非黑非白的灰色童年，却也造就了勒卡雷丰富深沉的思想宝库，终而成就出《完美的间谍》这样的史诗风格浓厚的半自传之作。

（七）历史悬疑小说（Historical）

历史悬疑小说往往把故事发生的背景定格在历史上某一时期，以一定的历史人物和事件作为故事发生的背景。说到此类小说的大家，就不能不提到麦斯·艾伦·柯林斯（Max Allan Collins），他的作品多以真实的人物和事件作为创作的基础，他的代表作有《木乃伊》（*The Mummy*）和《木乃伊归来》

(*The Mummy Returns*),二者均被好莱坞搬上银幕,分别于 1999 年和 2001 年首映。

(八) 幽默惊险小说(Humorous)

它有自己独特的一面,相较于其他种类悬疑小说的突出特点是小说中往往使用了轻松滑稽的语言和略带夸张的情节,以轻喜剧的手法生动地展开故事。其代表作有约翰·格里沙姆的《逃离圣诞节》和保罗·莱文的《所罗门对上帝》。

(九) 警察程序小说(Police Procedural)

它比较注重对警察工作的实际方法的描写,当然,这并不是说以警察为主的小说都是警察程序小说。这类小说强调的是活动的现实性。

最重要的作家是埃德·麦克贝恩(Ed McBain),他创作有"87 分局"系列小说。另外,许多警察程序小说作家自己就是警察或是前警察,如埃德·迪和约瑟夫·温鲍。有人认为希拉里·沃的《最后的穿着……》(*Last Seen Wearing...*)是第一部警察程序小说。

(十) 私家侦探小说(Private Investigator)

它堪称是真正的侦探小说(Detective Mystery),将它单列出来是和警察程序小说相区别的,同时它也与硬汉派多有重叠,但这也并不妨碍它成为单独的一个流派。这一类悬疑小说中的主人公身份无疑是私家侦探,在这一类作品中,有独来独往的硬汉派侦探,比如钱德勒的《长眠不醒》中的菲力普·马罗,也有像柯南道尔的福尔摩斯和华生那种的二人对角。

二、悬疑小说之历史溯源

美国悬疑和犯罪小说问世于19世纪中叶。1841年，美国悬疑小说之父埃德加·爱伦坡推出悬疑小说《毛格街血案》，书中人物奥古斯特·C. 杜宾成为第一个虚构性侦探。爱伦坡继续挖掘杜宾资源，创作出了《玛丽·罗热疑案》（1842年）和《窃信案》。19世纪60年代以后，不断上升的识字率，加上更多的休息时间，有力促使了美国大众小说，尤其是悬疑小说的流行。

同时，大洋彼岸的英国产生了诸多悬疑小说名家，留下了许多杰作。如威尔基·柯林斯的《白衣女人》（1860）、《月亮宝石》。阿瑟·柯南·道尔爵士笔下的杰出侦探夏洛克·福尔摩斯，首次登场于19世纪末的《血字的研究》（1887）。

20世纪20年代是悬疑小说的黄金时代。在英国和美国，悬疑小说一度达到流行的历史最高点。阿加莎·克里斯蒂的名字成为黄金时代小说的代名词。她曾创作80余部小说，拥有长达50余年写作生涯，可以说是有史以来当前最著名的悬疑作家。20世纪三四十年代企鹅出版公司发起的平装书革命则使得悬疑小说和其他类型的小说真正走向大众。

20世纪30年代和40年代，美国悬疑小说达到高峰，以埃勒里·奎因为代表。奎因是两位美国表兄弟——曼弗雷德·B. 李和费雷德里克·丹纳共用的笔名。他们的第一部合作作品《罗马帽子的秘密》出版于1929年，刻画了一位叫做埃勒里的业余侦探，与他父亲理查德·奎因一起破案。埃勒里·奎因非常受人欢迎，在长达40余年时间里，这两位作家一共写了33

部小说。

黑侠或是硬汉派小说诞生于20世纪20年代。代表作家是达希尔·哈梅特和雷蒙德·钱德勒。达希尔·哈梅特笔下的山姆·史培德、雷蒙德·钱德勒笔下的菲力普·马罗，都是严格以荣誉为生活法则的硬汉。

20世纪30年代也孕育了"诡异"侦探，具有古怪不平常的个性。其中，最有名的是E.D.比格斯笔下的查理·陈，他运用东方的睿智去侦破世界各地的案子。他的声望培养了"查理·陈"产业，生产图书、电影、广播和电视等。

另一位作家厄尔·史坦利·加德纳，开始以黑侠进行写作，塑造了破案律师佩里·梅森的人物角色。梅森首次登场于1933年出版的《移花接木》，他与其朋友保罗·德雷克侦探、长期秘书戴拉·斯最特一起破案。梅森在法庭上与检察官汉密尔顿·博格进行白刃战，常常强迫一名信任的证人出庭。

1947年，一位名为米奇·斯皮兰的新作家登上悬疑小说舞台。当他的第一部书《审判者》问世，超级恶棍麦克·汉姆首次显身，立即造出一场轰动。由于他的重点在于性和暴力，斯皮兰对于大多数男性读者充满了吸引力，因此《审判者》成为当时最畅销的悬疑小说，售出六百余万册。

出现于1940年的另一种犯罪小说类型是警察程序小说，它注重对警察破案方法的真实描写。这些故事总是从警察的视角来展示，通常是一种坚强、现实的风格。这种类型小说的最成功的作家是埃德·麦克贝恩，他把他的故事定位在大城市警力控制下的虚构的第87区。

悬疑的流行经历了一个长久和多变的历史，而且没有迹象表明它在衰退。相反，它跟过去一样流行，当前悬疑作家也是各种各样和广泛的。任何形式的悬疑，毫无疑问地将会继续抓住大众的想象，不受媒体影响，走向美好未来。

三、悬疑小说兴盛的原因

悬疑小说正以其折服读者的巨大魅力而傲立于世界畅销书之林。在目前美国的畅销书榜单上，悬疑小说一直占据着大半江山。一个最直观的例子可以告诉大家悬疑小说目前的巨大影响力：在奥斯卡上屡折桂冠的许多电影，其剧本都是改变于悬疑小说。早期的有《安娜·卡列尼娜》《东方快车谋杀案》，晚近的有20世纪90年代以来的《寂静岭》《沉默的羔羊》《肖申克的救赎》《神秘河》《达·芬奇密码》等，都是以悬疑小说为蓝本改编的。可以说，悬疑文化已经流行成为目前美国乃至世界的一个重要现象。因此，探究悬疑小说之所以流行的原因，对我国整个图书出版行业有很强的现实借鉴意义。

其实，如果细究，我们会发现从人类文明的伊始，从有小说之日起，悬疑小说就是其中重要的一部分。杰克·莱彻系列小说的作者李·柴尔德曾经这样说过："在人类的历史上，我们发明了语言，我们学会了讲故事，这肯定是出于严肃的目的。我认为人们从穴居时代开始，就有充满危亡的故事，最后都得到安全和解决。对我来说这就是故事，这也就是我们10万年后的今天讲的故事，也是最引人入胜的故事。"

同样，悬疑小说的流行也有现实的原因。

第一，图书商业化的发展促进了悬疑小说的发展。图书业在美国曾经被称为"绅士行业"是因为长久以来，图书作为一种特殊的文化产品，一直没有太大的生存压力，图书从业者也把文化传播作为自己最重要的使命。但随着当今其他媒体的兴起，图书长久以来作为文化产品"老大"的局面一去不返了。图书商业化的进程不断加速，加上市场竞争的不断加剧，图书行业面临着企业兼并带来的编辑压力。因此对于当今美国的图书行业来说，如何吸引更多的读者，如何更好的盈利成为了出版商的头等大事。这是悬疑小说今天之所以兴盛的最直接原因。

第二，美国社会文化的背景滋养了悬疑小说的发展。多年的战争，经济萧条，政治经济腐败让美国人变得更加现实，因此他们更容易接受审视社会阴暗面的小说。现代悬疑小说之所以在20世纪七八十年代开始逐渐占据美国主流的畅销书市场，和当时整个美国政治经济的大背景是密不可分的。当时的美国，冷战盛行，连续爆发了两次经济危机，尼克松丑闻，寡头垄断等充斥着社会的各个角落。尤其是越战给美国人造成的巨大心理创伤，使很多人在越来越逃避现实的同时也希望更认真地审视和反思这个社会的阴暗面。于是悬疑小说在这时开始大行其道。不过，大部分的悬疑小说最终都会有个圆满的结尾。这又是为什么呢？原因很简单，悬疑小说一方面为我们揭示了这个社会的阴暗面，提醒我们这个世界是多么的丑陋和危险。另一方面，悬疑小说总是在故事的结尾给人以希望，告诉人们正义必将战胜邪恶。可以说，悬疑小说满足了读者猎奇需求和美好愿望两方面的需求，两者缺一不可，这是其之所以受人广泛欢迎的重要原因。

第三，人们享受读悬疑小说时获得的快感。相比于其他小说，其引人入胜的故事情节，更容易使人们忘记现实生活中的压力和不快乐，而全身心地沉浸到故事当中去。这也是当今人们生存压力过大，社会竞争激烈造成的。悬疑小说作家，不管是有意识的还是无意识的，更容易从读者的角度出发来创作，也就是说，能更好地把读者奉为上帝。相对于传统文学的作家创作过程中的"教化"情结，悬疑小说作者更主张"同化"。因为只有不是把自己而是把读者作为写作动机和对象，才能令读者在阅读中得到快感。这种迎合，令很多读者都是无法抗拒的，就如每一个人的恐惧，都无法彻底消失一样。事实上，在20世纪五六十年代的美国，大众流行小说的一个最重要卖点就是其中关于性的描写。而今天这种情况已经出现了改变，至少在图书中，靠性描写作为卖点已经不能再吸引更多的读者了。人们在读书的过程中，更重视精神而不是身体的愉悦。在目前最畅销的悬疑小说中，关于性和粗口的内容已经很少了。因此，读者从中更容易得到精神上的愉悦，这也是悬疑小说流行的重要原因。

悬疑小说的兴起还有很多其他的原因。但总的来说，主要是其在目前的社会文化大背景下，充足的做好了"迎合"的功夫。其小说不论从叙事方法还是情节设计上都迎合了大多数读者的心理诉求。但我们也不能因此就说悬疑小说就很"俗"，把悬疑小说定义为不登大雅之堂的庸俗小说。事实上，今天越来越多的美国严肃作家都加入悬疑小说的创作中来，这使得悬疑小说的整体质量大大提高。丹·布朗就是其中的杰出代表。

四、悬疑小说名家及其代表作

如今各种悬疑小说成了美国畅销书榜的座上常客，大部分上榜位置也被它们占据，可以说这是惊悚悬疑小说的又一个黄金时代。在美国畅销悬疑小说界，这些主要作家无疑是主力军，他们的作品在图书界掀起一阵阵海浪，同时新生代作家涌起，共同促进着悬疑小说力量的壮大，这也为好之乐之的读者提供了更多更有新意的，刺激他们神心灵和精神的悬疑大餐。以下只列举最有特色的十位作家加以简单的介绍：

1. 詹姆斯·帕特森

美国惊悚小说之王，美国《纽约时报》畅销书排行榜上的常胜将军，也是当今最受欢迎的畅销书小说家。1976年帕特森以处女作《托马斯·贝瑞曼号码》获得爱伦·坡奖，从此他开始撰写系列惊悚小说。派拉蒙公司于1997年将其《桃色追捕令》搬上银幕，接着在2001年又拍了另一部《全面追捕令》，创下了骄人的票房纪录。詹姆斯·帕特森创作了两个新侦探小说系列："亚历克斯·克劳斯"系列（"Alex Cross"），包括《纽约时报》畅销书排行榜第一名的《伦敦桥》《一只大坏狼》《四只瞎眼鼠》《玛丽，玛丽》；"女子谋杀俱乐部"系列（The Women's Murder Club），包括同样高居畅销书排行榜首位的《1号死亡》《2次机会》《3度夺魂》《7月4日》《第五骑师》，最新出版的这本最畅销小说《第5骑师》打破了销售记录。詹姆斯·帕特森于 2003 年荣获美国《读者文摘》评选的"最受欢迎作家奖"。同年英国图书俱乐部协会将他的《大坏狼》评为年度"最受欢迎的惊悚小说"。迄今为止詹姆斯·帕特森已出版了近 30 种作品，并被翻译成近 40 种文字，创下了 8000 万册的销售奇迹。近年来帕特森除了继续在惊悚小说领域高歌猛进以外，也致力于言情小说的创作，比如近作《苏珊日记》和《阿萨书简》。这位以制造惊悚而闻名的小说家，还糅合了爱情的主线，创作了一个以惊悚加爱情的系列，《蜜月》就是其中一部再次为帕特森赢得销售高峰的佳作，并被派拉蒙再度搬上银幕。

2. 斯蒂芬·金

1947 年 9 月 21 日生于美国缅因州的波特兰，两年后，他的父亲离家出走，从此杳无音讯。12 岁那年，金在他姑姑家发现了一箱子科幻和恐怖小说，他后来说，这是导致他日后创作风格的一个重要事件。1970 年，金毕业于缅因州立大学，第二年与同学塔碧莎·斯普鲁斯结婚，小两口儿住在一辆拖车里。从 1971 年开始，斯蒂芬·金在缅因的汉普登学院当英语教员，靠给杂志投稿赚些外快。两年后他就辞了职，一心一意地当起了专职作家，同年，他出版了第一本小说《嘉丽》（Carrie），故事讲了一个女人向她的高中同学复仇的故事，她有一种特异功能，可以通过心灵感应远距离移动物体。此后，金的每一本书几乎都成了畅销书，较为著名的包括《闪灵》（The Shining，1976）、《克里斯蒂》（Christine，1983）、《危情十日》（Misery，1987）、《绿里奇迹》（The Green Mile，1996）和《尸骨袋》

(*Bag of Bones*，1998）等。

3. 丹·布朗

写了许多畅销小说，其中就包括在《纽约时报》畅销书排行榜上名列第一的《达·芬奇密码》。这本书堪称有史以来最优秀的畅销书之一。2004 年初，丹·布朗的四部小说在同一周内同时登上《纽约时报》的畅销书排行榜。一时间，丹·布朗成为了众多媒体关注的焦点，他先后被美国有线新闻网（CNN）、今日秀（The Today Show）、美国国家广播电台（National Public Radio）、美国之音（Voice of America）等邀请成为节目嘉宾，同时，他也接受了多家杂志的采访，包括《新闻周刊》（*Newsweek*）、《时代周刊》（*Time Weekly*）、《福布斯》（*Forbes*）、《人物》（*People*）、《绅士季刊》（*GQ*）、《纽约客》（*The New Yorker*）等。他的小说已经被翻译成了 40 多种文字在全世界出版。丹·布朗毕业于安赫斯特大学（Amherst College）的菲利普·埃克塞特学院（Philips Exeter Academy），在他全心投入写作之时，一直担任该学院的英文老师。1996 年，丹·布朗出于对从事密码破译工作的秘密政府机关的兴趣，写作了自己的第一部小说《数字城堡》（*Digital Fortress*）。而这部小说立刻成为了国内首屈一指的网络小说。它以美国国家安全局（National Security Agency）为背景，探究了公民隐私和国家安全之间的界限。丹·布朗的第二部小说名为《骗局》（*Deception Point*），反映了公民道德与政治、国家安全和机密技术之间的矛盾。

4. 玛丽·希金斯·克拉克

被誉为"悬疑小说女王"(The Queen of Suspense),是各大畅销书榜的常驻客,至今已经出版了 33 本小说,单在美国的销量就达 8000 多万册,是美国获取版税最高的畅销书作家之一。克拉克的第一部长篇小说是美国总统华盛顿的传记《向往天堂》(Aspire to the Heavens),但销路甚差。她决定改变写作方向,运用自己特殊的亲身经验、加上无限的想象力,改写悬疑推理小说;她的第二本小说《孩子们到哪里去了》(Where Are the Children?)使她从此确立了悬疑推理小说的发展之路,此书不但一举成名,还改编成电影,克拉克的写作风格也开始确立,如她在《消逝中的女人》里,运用了读者熟悉的经验(听广播节目、社交聚会、度假、恋爱、死亡)来做直接的文学沟通,使读者如临现场,随即可以进入作者所描绘的空间。由她的畅销作品改编而成的电影《情迷杀机》(You Belong to Me)、《多重杀机》(All Around the Town)、《前世恨未了》(Haven't We Met Before)都收获了不菲的票房收入。克拉克的小说不仅卖座,而且多次获奖,得到了文学界、推理小说界的支持与认同。她在 2000 年获得了美国悬疑推理小说最高荣誉"爱伦坡"奖,颁布此奖的美国推理作家协会还于 2001 年发起了以克拉克为名、西蒙-舒斯特出版公司赞助的奖项,用以鼓励作品风格最近似于"克拉克传统"的作家。

5. 雷蒙德·库利

生于黎巴嫩,1975 年移民美国。曾从事建筑学习,后又于法国枫丹白露的欧洲工商管理学院获取 MBA 学位,并开始从事金融行业的工作。一次偶然的机会开始涉足为好莱坞改编剧本,没想到第一个剧本就荣获当年"富布莱克奖"的候选人提名。此后库利开启了自己的剧本创作之路。库利的第二个剧本是一个有关他在内战中的大学生涯的半自传性的故事,这个剧本也在第二年获得"富布莱克奖"提名。1996年,库利买下了梅尔文·布拉格的小说《奶油湖的女孩》的改编权,亲自操刀改编,同时还在创作他的原创小说《最后的圣殿骑士》。后来《奶油湖的女孩》被好莱坞大导演罗伯特·德尼罗发掘,声称要将此拍为大片,同时德尼罗自己还担纲剧中的男一号霍普上校。此后,库利成了伦敦和洛杉矶的专职剧作家与制片人。目前库利正潜心于BBC的热播电视连续剧《幽灵》的第5季(即在美国广为人知的《军情五处》)。在酝酿自己下一部小说的同时,库利还在着力改编《最后的圣殿骑士》。

6. 托马斯·哈里斯

生于1940年,田纳西州杰克逊人,他出生后不久即搬往他父亲的故乡——密西西比州的里奇。哈里斯自幼聪明爱学,对密西西比的习俗了如指掌,并长于讲故事。1960年,哈里斯离开了密西西比,进入田纳西州的贝勒大学学习。当时,他专修英语,还是当地一家报纸的兼职记者。那时他就开始把他的恐怖小说投给一些杂志。毕业后,他离开了美国南部,游历欧洲,后来又为纽约的联合通讯社工作。他的主要著作有:

《黑色星期天》,1975年出版,好评如潮,是最经典的恐怖主义小说之一。但这部小说的成功只是打开了哈里斯成功的大门,后来他创作的"莱克特博士"(Dr. Lecter)是一系列小说的主人公，该主人公成了当代小说中最受欢迎的杀人犯。第一部有关莱克特博士的小说是《红龙》，还有一部是《沉默的羔羊》，据其改编的电影获了五项大奖，1999年他又出了《沉默的羔羊》的续篇《汉尼拔》。《红龙》是哈里斯的热身之作，《沉默的羔羊》是他的经典之作，《汉尼拔》是其颓势之作。

《沉默的羔羊》是一部极受欢迎的佳作。书一出来，同样也引起了评论界的广泛关注。在众多的评论中，有一个词出现得最多，那就是"悬念"。确实，托马斯·哈里斯是位制造悬念的高手。一如莱克特向史达琳提供有关"野牛比尔"的线索那样，哈里斯也很"吝啬"地跟我们讲他的故事。他讲一点停一停，打一枪换一个地方，将我们的胃口吊起来，然后漫不经心地走开了，重新制造一种紧张、一个兴趣点，让读者气喘吁吁地跟着他，去接受一个又一个的意外。制造悬念是侦探小说由来已久的传统，也是其生命之所在，能否将一个原本平常的故事演绎得曲折多姿，遂成为决定侦探小说成败的第一因素。哈里斯以前也曾写过相同或类似题材的小说，如《黑色星期天》《红龙》等，但显然，悬念的制造都不如在《沉默的羔羊》中这么成功。

另外一点不少评论家也提到了：恐怖。侦探小说大多要涉及凶杀，凶杀本身已够恐怖的了，一般人眼中，血淋淋的场面总是惨不忍睹的。哈里斯在凶杀性质的选择上似乎为读者考虑得很少，他不由商量地给你带来一个强刺激：剥人皮！并细致入微地、甚而津津有味地跟你描述剥人皮做衣服的具体构思：哪儿开衩，哪儿贴边，哪儿做缝褶……许多看过电影的朋友都说不少场面太恐怖，甚至有些人说看过片子后常常做噩梦。然而，跟小说比，影片不过小巫见大巫了，许多细节性的描写在影片中都被略去了。

7. 乔治·皮利卡诺斯

他出生于 1957 年，草草度过了在马里兰大学的时光。大四的时候师从 C. 米什，学习了一门侦探小说的课程。这门课颇具争议，因为像哈梅特这样的作家并不被英语系的大部分人当作文学家。但对乔治·皮利卡诺斯来说，这些作家充满的义愤的、勇敢的小说对他来说是一个惊人的发现。

1985 年，他与一位美丽的金发女郎结婚，婚姻使他安定下来。并且到了 1989 年他成了一系列零售电器商店的老板。问题在于他憎恨他的生活，而 32 岁那年，他觉得应该干一些自己想干的事情，在妻子的支持下他辞掉工作，开始了写作小说的生涯。1989 年，他完成了第一部名为《生火进攻》(*A Firing Offense*) 的小说。该小说的主题深入那些漫无目的的年轻人的生活，深受人们喜爱。

2006 年夏，他的第 14 本小说《夜间园丁》成了他第一本打入纽约时代精装畅销书榜的书。皮利卡诺斯的这本新作主要是讲警官们的故事。优秀的警官、平庸的警官以及坏警官，他们的工作、他们的生活和他们的家庭。与其说这些人物在寻找正义，为法律公正而努力，不如说他们是在不停地寻找答案，对案件的答案，对生活的答案，对人的答案。作为对比，书里也平行地显示了社会最底层的一批人物，比如那些马路上的犯罪团伙等。

8. 汤姆·克兰西

是全球最负盛名的军事惊悚小说大师。其实在 1984 年之前，汤姆·克兰西是一个默默无闻的人，但是他当年推出的一部《猎杀红色十月号》的军事小说一举打破了当时美国出版界委靡不振的状况，从此奠定了他在世界军事小说界的地位，其笔下的部分作品曾缔造了蝉联榜首数周、上榜数周之久的佳绩。可作为享誉国际的军事小说大师，他本人却没有任何军旅生活经验，只是依靠平时对科技、政治及军事等领域的涵养和深度理解，以时事为背景，铺陈出一个个紧张刺激的冒险故事，其中涉及国防情报作业的逼真描述，甚至还一度引起相关单位的密切注意。

继《猎杀红色十月号》、《爱国者游戏》及《燃眉追击》后，汤姆·克兰西成为改编电影的金字招牌，他的小说布局广大、气势磅礴，对于军事武器、恐怖行动、国防情报体系、全球战略关系，描述逼真详实。汤姆·克兰西在全美与惊悚小说大师斯蒂芬·金、律师出身专写犯罪及法律的约翰·格里沙姆，以及医学出身、创作《侏罗纪公园》等作品的迈克尔·克莱顿等人齐名，作品改拍成电影后都是票房的常胜军。

汤姆·克兰西就是这样一位略带有一点传奇色彩的人物，他笔下的经典军事小说不计其数，而以他的名字冠名的军事题材的游戏也是市场上的常青树。但随着苏联的解体，军事惊悚小说也逐渐走上了末路。

9. 迈克尔·康纳利

康纳利的书是《纽约时报》畅销书排行榜榜首的常客，而且在评论界口碑甚好。除了爱伦·坡奖,他还获得过安东尼奖、夏姆斯奖、马耳他之鹰奖、尼罗·伍尔芙奖等。2003—2004 年,他还担任了美国悬疑小说作家协会(MWA)主席一职。

上大学的时候迈克尔·康纳利学的是建筑,但是他痛恨这门科目。一天晚上他溜达到大学学生联合会,那儿正在放映罗伯特·奥尔特曼导演的《漫长的告别》,这部电影是根据雷蒙·钱德勒的同名小说改编的。这之前,康纳利从来没有读过钱德勒的书,但是他爱上了这部电影,于是第二天又去看了一遍,随后康纳利在一周之内,看完了钱德勒所有的作品。直到此时,康纳利终于知道自己的梦想是什么了——做一名像钱德勒那样的犯罪小说家。

康纳利的父亲也曾有艺术梦想,想学习绘画,但是为了生计,他不得不从事建筑业。当他得知儿子的志向时,遂持完全支持的态度。康纳利转而去学习如何做一名合格的记者。所以康纳利的写作生涯是以记者的身份开始的,他和其他两位同行合作的一篇报道曾经进入普利策奖终选名单,因为这篇报道,他来到了洛杉矶——雷蒙·钱德勒笔下的菲利普·马罗的地盘。

在洛杉矶工作了三年,康纳利决定开始着手创作,他的第一部小说《黑色回声》(*The Black Echo*)取材于一桩发生在洛杉矶的真实案例,并带出后来成为系列主角的警探哈瑞·鲍许(*Harry Bosch*)。此作发表于 1992 年,立刻赢得该年度爱伦·坡奖的最佳处女作品奖。此后康纳利可谓平步青云,哈瑞·鲍许探案连续发展了十本故事,其间康纳利还写了几本非系列小说《诗人》(*The Poet*, 1996)、《血型拼图》(*Blood Work*, 1998)、《残缺之月》(*Void Moon*, 2000),销量不但是部部卖钱,而且还拿下爱伦·坡奖、尼罗·伍尔芙奖和安东尼奖几个重要的推理文学奖项,是当代叫好又叫座的美籍推理作家之一。

10. 丹尼斯·勒翰

1966 年出生于美国麻省多彻斯特,爱尔兰裔,现居住波士顿。他八岁便立志成为专职作家,出道前为了磨炼笔锋、赚钱谋生,曾当过心理咨商师、侍者、礼车司机、卡车司机、书店店员等,以支持他迈向作家之路的心愿。

1994 年他以小说《战前酒》(*A Drink Before the War*) 出道,创造了冷硬男女私探搭档"派崔克/安琪"系列,黑色幽默的对话与深入家庭、暴力、童年创伤的题材引起书市极大回响,五年内拿下美国悬疑小说界多项重要大奖,版权外销十多国,并以此系列在北美获得销售 130 万册、全球 240 万册的销售业绩。

勒翰真正打入主流文学界、登上巅峰的经典之作,是非系列作品《神秘河》。该小说受好莱坞名导克林特·伊斯特伍德青睐改拍成同名电影,获奥斯卡六项提名、两项得奖,单书全球销售突破 250 万册,并促使迪士尼公司购得"派崔克/安琪"系列作《失踪的宝贝》(*Gone, Baby, Gone*) 电影版权,将由本·阿弗莱克自编自导。

(合作者:李鹏、樊文静、舒蓓、吕珺、李海文,原载于 2007 年 6 月 19 日《中国图书商报》)

图书在版编目（CIP）数据

美国书业观潮 / 叶新著. —北京：中央编译出版社，2019.6
ISBN 978-7-5117-3525-6

Ⅰ. ①美⋯
Ⅱ. ①叶⋯
Ⅲ. ①图书出版 - 出版业 - 研究 - 美国 - 现代
Ⅳ. ①G239.712

中国版本图书馆 CIP 数据核字（2019）第 062889 号

美国书业观潮

出 版 人：	葛海彦
出版统筹：	贾宇琰
责任编辑：	王丽芳
责任印制：	刘　慧
出版发行：	中央编译出版社
地　　址：	北京西城区车公庄大街乙 5 号鸿儒大厦 B 座（100044）
电　　话：	（010）52612345（总编室）　　（010）52612349（编辑室） （010）52612316（发行部）　　（010）52612346（馆配部）
传　　真：	（010）66515838
经　　销：	全国新华书店
印　　刷：	北京汇林印务有限公司
开　　本：	880 毫米×1230 毫米　1/32
字　　数：	163 千字
印　　张：	7.875
版　　次：	2019 年 6 月第 1 版
印　　次：	2019 年 6 月第 1 次印刷
定　　价：	68.00 元
网　　址：	www.cctphome.com　　邮　　箱：cctp@cctphome.com
新浪微博：	@中央编译出版社
微　　信：	中央编译出版社（ID: cctphome）
淘宝店铺：	中央编译出版社直销店（http://shop108367160.taobao.com） （010）55626985

本社常年法律顾问：北京市吴栾赵阎律师事务所律师　闫军　梁勤
凡有印装质量问题，本社负责调换，电话：（010）55626985